종 진화론,
이제는 버리자

종 진화론, 이제는 버리자

생물 종(種)의 진화 일어나지 않았고, 일어날 수도 없다

소재목 지음

좋은땅

목차

머리말   9

| 1 |

종 진화론의 실체를 이해하기 위해 필요한 개념

1.1 소진화는 변이이고 대진화는 종 진화(신종분화)이다   13

1.2 창조는 초자연현상이고 과학은 창조물을 연구하는 것이다   18

1.3 이성(異性) 간 생식이 가능한 생물은 다 같은 종이다   22

1.4 인간은 3.5차원 창조자는 7차원이다   24

1.5 두 가지 연구 방법: 관찰과 묘사 방법, 실험과 분석 방법   27

1.6 과학과 소설 그리고 믿음   31

1.7 과학 실험은 어떻게 하는가?   33

1.8 생물은 분자와 세포로 구성된 시스템이다   37

1.9 염색체와 감수분열 그리고 상동염색체   41

2

다윈의 종 진화론 탄생 배경

2.1 19세기 당시의 유전 개념   45

2.2 19세기 중반의 물리학, 화학, 그리고 생물학   49

2.3 다윈에게는 있으나 현대 진화생물학자에는 없는 실험 정신   52

2.4 다윈의 『종의 기원』 출간 에피소드   56

3

종 진화론 검증

3.1 '획득형질은 유전되지 않는다'는 사실을 증명한 쥐 꼬리 실험   60

3.2 단속평형이론, 도약진화이론, 그리고 바람직한 괴물 가설은 점진

  적 종 진화를 부정한다   64

3.3 자연선택을 모방한 인공선택으로 종 진화(신종분화) 증거를 제시

  해야 한다   68

3.4 신다윈주의 이론과 현대합성이론 출현   70

3.5 '3세대 신종분화설(Speciation Within Three Generations Hypothesis)'   73

3.6 종 멸종의 끝장개체와 신종분화 선발개체는 '짝짓기'라는 문제에

  같이 봉착한다   83

3.7 '신종분화(종 진화)를 위한 이성(異性) 이란성 쌍둥이 가설(Opposite Sex Dizygotic Twins Hypothesis For Speciation)'   89

3.8 생물의 염색체는 자연에서 우연히 만들어질 수 없다   92

3.9 염색체의 수와 구조는 변할 수 없고, 염색체상의 유전자 위치도 변할 수 없다   96

3.10 사람의 배수체 염색체 수는 46개이고, 침팬지 배수체 염색체 수는 48개이다   102

3.11 유성 생식을 하는 생물의 염색체는 왜 배수체(倍數體)로 존재하나?   109

3.12 모든 시민은 생물학자이다   111

3.13 생물의 영속성은 '성장-생식' 순환 고리의 무한 반복이다   113

3.14 유전자 부동(浮動)은 종 진화(신종분화)를 설명할 수 있나?   115

3.15 생물 종의 최고의 목적은 종족 번식이다   118

3.16 가상의 '냉동 화석'이 종 진화 여부를 분명히 밝혀 준다   121

3.17 창조론을 과학적으로 입증할 수는 없다   123

3.18 종 진화(신종분화)는 연속 개념이고 창조는 불연속 개념이다   125

3.19 신종분화(종 진화) 실험에서 얻은 부정적인 결과를 발표하는 과학 잡지가 없다   129

3.20 종의 멸종이 문제면 신종분화(종 진화)도 문제다   131

3.21 인류 기원에 대한 '아무 말 대잔치'   132

3.22 실험이상주의는 종 진화론에도 적용된다   134

3.23 '데이터를 쫓아라'   137

3.24 1880년에 행한 최초의 실험실 신종분화(종 진화) 실험   139

3.25 아직도 '우표 수집' 수준을 벗어나지 못한 현대 진화생물학의 현실   142

3.26 영국 맨체스터 '가지나방'에 대한 자연선택 관찰   145

3.27 옥수수를 이용한 '일리노이 장기 인공선택 실험'　　　147

3.28 실험실 신종분화(종 진화) 실험에 대한 규제가 전혀 없다　　　148

3.29 대장균을 가지고 10년에 걸쳐 수행한 실험실 신종분화(종 진화) 실험　150

3.30 노랑초파리를 이용한 실험실 신종분화(종 진화) 실험　　　154

3.31 종 진화론을 지지한다는 인공선택 실험들　　　157

3.32 종 진화론은 지난 160년 동안 '의심의 혜택'을 받아 왔다　　　160

3.33 생명의 기원과 종의 기원과의 관계　　　162

3.34 연금술과 종 진화론: '무식하면 용감하다'　　　166

3.35 자연에서 관찰도 못 하고 인위적인 실험도 못 하는 세 가지 사
　　　건: 원소를 포함한 우주 탄생, 생명의 탄생, 그리고 종의 탄생　　　169

─────────────────┤ **4** ├─────────────────

진화생물학자들의 말 말 말

4.1 "소진화(변이)는 종의 한계를 넘지 못한다" (1940년)　　　170

4.2 "다윈은 왜 우리가 존재하는가에 대한 조리 있고 일관성 있는 설
　　　명을 한 최초의 사람이다" (1976년)　　　173

4.3 침팬지 어휘력 4개와 사람의 어휘력 약 10,000개를 '정도의 문
　　　제'라고 말하는 진화생물학자 (1977년)　　　177

4.4 "진화 이론은 영원히 뜨거운 주제이다" (1977년)　　　179

4.5 "소진화(변이) 현상을 대진화(종 진화) 현상으로 확대 추론할 수
　　　없다" (1980년)　　　181

4.6 "우리는 진화론을 단 위에 올려놓고 그것을 예배하지 않는다" (1990년)   **184**

4.7 "지금은 합당하다고 생각하는 이론들이 크게 바뀔 것은 분명하

다…. 나에게 35년이 더 주어지면…." (1998년)   **186**

4.8 "신종분화와 다양성(종 안의 변이) 사이에 연결고리가 없다" (2009년)   **189**

4.9 "실험 방법은 신종분화(종 진화) 메커니즘에 대한 통찰력을 계속

제공하고 있다" (2009년)   **192**

4.10 "실험실 진화(실험)가 진퇴양난에 봉착했다" (2009)   **195**

4.11 진화와 변이를 헷갈리게 말하는 사례 (2021년)   **197**

───── 5 ─────

맺음말

5.1 종 진화(신종분화)에 대한 장기적인 국제 공개 실험을 제안한다   **200**

5.2 종 진화론은 현재 뇌사 상태이다   **206**

5.3 종 진화론과 창조론 간 신사협약 체결을 희망한다   **209**

5.4 종 진화론은 대마불사가 아니다   **213**

5.5 신종분화(종 진화) 메커니즘을 밝히지 못하면 종 진화론은 유사

과학이다   **215**

5.6 생물 과학자인 나는 왜 종 진화론이 소설이라고 주장하나   **217**

머리말

1859년 찰스 다윈은 『종의 기원』을 출판하며 과학으로서의 '종 진화론'을 주장했다. 당시 이 책을 둘러싼 반응은 극과 극이었다. 한쪽은 종 진화 이론에 대한 호응이었고, 다른 한쪽은 성경적 창조론에 의거한 강한 거부 반응이었다. 그 후 160년이 지났다. 논쟁은 지금도 진행 중이다. 이렇게 기나긴 세월 동안 논쟁이 지속되는 과학 이론이 또 있을까? 그동안 1900년대에 신다윈주의가 나오고 1940년대 현대합성이론이 나왔지만 논쟁은 계속되어 왔다.

『종의 기원』이 출판된 이래 160여 년 동안 생물의 생명 활동에 대한 우리의 지식은 놀랍도록 많이 발전했다. 1900년에 멘델의 유전 법칙이 재발견되었고, 1952년에 DNA가 유전물질이라는 사실을 알게 되었으며, 1953년에는 DNA 이중 나선 구조가 밝혀졌다. 또한 1966년에 유전 암호가 해석되었고, 1972년에는 재조합 DNA 기술이 태동했으며, 1985년에 PCR 기술이 발명되었다. 1995년에 사람 게놈 프로젝트가 시작되어 2003년에 완성되었다. 그 후로 여러 생물에 대한 게놈 프로젝트가 완성되었다. 지금은 포스트 게놈 시대다.

과거 160년 동안 밝혀진 생명현상에 대한 우리의 지식과 이해에 종 진화론을 대입시켜 볼 필요가 있다. 종 진화란 새로운 종의 탄생을 의미한다. 그런데 현재까지 자연에서의 종 진화(신종분화)는 관찰되지 못했다. 현대 과학적인 방법으로 종 진화론을 입증하는 실험실에서의 실험 결과도 없다. 어떻게 실험을 해야 할지조차 모르고 있다. 그래서 현재 실험을 하지 못하고 있다.

과학적으로 종 진화(신종분화)를 규명하는 일은 영원히 이뤄지지 않으리라 생각된다. 종 진화(신종분화)는 일어나지 않은 사건이기 때문이다. 각종 생물은 초자연적으로 창조된 것이다. 그렇기 때문에 종 진화론은 뇌사 상태이거나 이미 죽은 과학 이론이다. 단지 다른 대안이 없으니 종 진화론을 주장하는 근거에 치명적인 결함이 있음에도 불구하고 그냥 붙들고 있는 것이다. 또 여기에 창조자를 받아들이지 않고 그에게 반역하는 인본주의 운동이 결부되어 있다. 인본주의 사상은 과학이 아니다. 과학적 사실은 과학 실험으로 확립되어야 한다. 나는 종 진화론에 대한 논쟁에 종지부가 찍히기를 간절히 바란다. 이 책을 쓰는 이유이다.

창조자가 사람을 포함한 모든 생물과 무생물에 해당하는 각종 원소를 포함한 우주 만물을 창조했다는 창조론은 결코 과학의 연구 대상이 될 수 없다. 과학은 창조자가 만든 창조물을 연구하여 그 속에 숨겨진 창조 질서와 창조 원리를 밝히는 것이다. 지금 우리가 21세기 초에 향유하는 모든 과학 기술의 열매는 과학을 통해 밝혀진 창조 원리나 질서를 인간에게 유용하도록 이용하는 것이다. 우주 탐험 기술, 반도체 기술, 무선통신 기술,

백신 기술, 항생제 기술, 각종 질병 치료 기술 등등이 그 예이다.

그러므로 창조자가 생물을 포함한 우주를 창조했다는 창조론이 비과학적이라는 비난은 받아서는 안 된다. 과학이 이런 비난을 하려면 과학이 다른 창조 질서를 갖는 다른 세계를 만들 수 있을 때에나 가능하다. 그렇게 못 한다면 창조론을 검증할 수 없는 것으로 남겨 두어야 한다. 과학자는 결코 창조자가 아니다. 오늘날의 과학은 너무 교만하고 우상화되어 있다. 그 중심에 종 진화론이 있다.

우리 기독교인에게 있어서는 창조 원리를 밝히고 그것을 이용해서 과학을 발전시킴으로써 창조자를 찬양하고 경외하는 것이 마땅히 할 일이다. 창조론을 믿고 그것을 교육하는 것이 과학의 발전을 저해한다는 비난을 받아서는 안 된다. 이런 비난은 창조자를 받아들이지 못하는 무신론자들이 만든 잘못된 프레임이다. 창조론을 믿는 것과 과학적 실험 결과를 사실로 받아들이는 것은 서로 충돌하지 않는다.

나는 이 책에서 '과학적인 관점'과 '일반 시민의 상식'을 가지고 종 진화론을 비판하고 그 허구를 파헤치려고 한다. 나는 과거 40여 년 동안 생물 과학자로서 발로 뛰며 다수의 생명체를 손과 눈으로 만지고 봐 왔다. 그리고 나는 의식 있는 일반 시민이고, 동시에 사람이라는 동물이다. 이런 경험을 통해서 얻은 과학적인 사고와 방법론 그리고 결혼하여 자녀를 낳는 생식 과정을 경험한 일반 시민으로서 갖는 상식을 통해 종 진화론을 검증하려고 한다.

이러한 관점의 필력을 통해 다음과 같이 이 책의 내용을 구성했다. 1부에서는 종 진화론을 이해하기 위한 기초 개념을 정리했다. 2부에서는 다윈이 『종의 기원』 책을 출간할 당시 시대 상황을 기술했다. 3부에서는 종 진화론을 과학적으로 그리고 상식적으로 검증했다. 4부에서는 일부 현대진화생물학자들이 종 진화(신종분화)에 대해 말한 것을 인용함으로써, 종 진화론의 현재 상황을 엿볼 수 있는 기회를 갖고자 했다. 마지막으로 5부에서는 종 진화론을 앞으로 어떻게 할 것인가에 대한 맺음말을 실었다.

  성경적 세계관과 인본주의 세계관이라는 두 개의 상반된 세계관 사이에서 고민하는 기독교인들에게 '종 진화론은 과학적 사실이 아니고 소설에 불과하다'라는 것을 생물 과학자인 필자의 입을 통해 전달하는 것은 의미 있는 일이라 믿어 의심치 않는다. 특히 기독교인 청소년들이 학교 교실과 교회 학교에서 받는 두 가지 가르침 사이에서 겪는 혼란을 생각하면 심히 안타깝다. 이 책을 통해서 그들 안에 있는 내적인 혼란이 없어지기를 원한다. 그들이 창조자의 창조 질서에 감사하고 그분을 경외하는 기독교 신자가 되기를 바란다.

종 진화론의 실체를
이해하기 위해 필요한 개념

1.1 소진화는 변이이고 대진화는 종 진화(신종분화)이다

종 진화론에서 다뤄지는 진화는 두 가지가 있다. 하나는 대진화이고 다른 하나는 소진화다. 소진화에도 '진화'라는 말이 있고 대진화에도 '진화'라는 말이 있다. 과학자, 기자, 그리고 일반 사람 거의 다 소진화와 대진화를 혼용해서 말하는 오류를 범한다. 두 가지 진화 현상이 왜 혼용되면 안 되는지 그 개념을 좀 더 면밀히 살펴보자.

소진화는 변이 발생이고 대진화는 종 진화(신종분화)이다.

1859년 찰스 다윈이 주장한 종 진화론은 생명체의 소진화(변이) 현상이 누적되어 대진화(종 진화) 현상이 일어난다는 이론이었다. 그동안 종 진화론자들은 이 두 가지를 혼용하여 사용했기에 혼돈과 오해가 발생한다. 더욱이 진화생물학자들은 이 점을 간과하여 사실을 호도하는 면이 없지 않다. 마술사가 우리를 속이는 것처럼 그들은 소진화(변이) 현상을 마치 대진화(종 진화)가 일어난 것처럼 말한다. 우리가 이 둘을 분명히 구별할 수 있어야 오류를 범하지 않을 수 있다. 용어의 혼동을 피하기 위해 앞으로 이 책에서 소진화는 '변이', 대진화는 '종 진화(신종분화)'로 통일하여 기술하겠다. '신종분화(Speciation)'는 진화생물학자들이 기존에 사용하는 용어이고 '종 진화(Species Evolution)'는 이 책에서 소진화(변이)와 명확히 구별하기 위해 사용하는 용어이다. 신종분화와 종 진화는 같은 말이다.

요즘 COVID-19 팬데믹으로 인해 변이란 말이 미디어에 자주 노출되고 있다. 코로나19 바이러스는 원래 SARS-CoV-2 종이다. 이 바이러스 종의 유전자 염기서열에 돌연변이가 생겨 알파 변이, 베타 변이, 감마 변이, 델타 변이, 람다 변이, 오미크론 변이까지 나타났다. 이때 변이를 만드는 돌연변이가 아무리 누적되어도 바이러스 종 자체는 불변이다. 코로나19 바이러스가 조류 인플루엔자 바이러스나 아프리카 돼지 열병 바이러스로 변하지는 않는다는 뜻이다.

종 진화론의 주장대로라면 코로나19 바이러스가 조류 인플루엔자 바이러스, 아프리카 돼지 열병 바이러스, 지카 바이러스 등으로 변해야 한다. 현재(2022년 1월 7일)까지 코로나19 바이러스에 3억 명이 넘는 사람이 전 세계적으로 감염되었다(Worldometer). 코로나19 바이러스가 한 사람에게

들어가면 그 안에서 증식을 한다. 그러곤 이 바이러스가 다른 사람을 감염시키고 그 사람 안에서 다시 증식을 한다. 이런 식으로 한 사람의 감염자로부터 약 2년 동안 약 3억 명에게 퍼지는 사이 바이러스는 엄청난 증식을 했을 것으로 추정된다.

바이러스는 증식하는 중에 돌연변이가 유입된다. 코로나19 팬데믹 초기의 변이가 사라지고 현재는 델타 변이가 우세종이 되었고 다시 오미크론 변이가 우세종이 될 가능성이 있다. 바이러스 변이는 자체 번식력과 전염력이 높으면 그들의 생존에 유리하다. 새로운 우세종이 기존 우세종을 밀어내는 것은 자기들의 생존에 유리하게 자연선택된 것으로 보면 된다. 이렇게 많은 증식을 통한 돌연변이와 자연선택이 있었지만 코로나19 바이러스 변이만 발견될 뿐이다. 종 진화(신종분화)가 일어나지 않고, 또한 일어날 수 없다는 사실을 나타내는 좋은 사례이다.

변이 발생은 우리가 관찰할 수 있다. 진화생물학자들은 관찰되는 변이를 마치 종 진화(신종분화)가 관찰된 것처럼 말한다. 변이와 종 진화(신종분화)는 하늘과 땅 차이만큼 다른 현상이다. 현재 지구상에 살고 있는 사람 종(Homo sapiens)에 해당하는 개체 수는 약 78억이다. 78억 명 중 일란성 쌍둥이를 제외하면 모두 게놈 염기서열이 다르고 결과적으로 형질이 다르다. 이는 현재 지구에 있는 사람 종 안에 78억 개의 변이가 있다는 말과 같다. 개라는 종 안에도 수백 가지 변이가 있다. 몰티즈, 요크셔테리어, 포메라니안, 치와와, 푸들, 닥스훈트 등등이 있고, 포메라니안 중에도 화이트 포메라니안, 블랙탄 포메라니안, 오렌지 포메라니안 등등이 있다.

우리는 지금 전에 들어보지 못한 코로나19 바이러스가 나타나서 그들과 힘겨운 싸움을 하고 있다. 그렇다면 코로나19 바이러스는 전에 없던 바이러스가 종 진화(신종분화)로 새로 발생한 것이 아닌가 하는 의문을 제기할 수 있다. 코로나19 바이러스는 원래 중국 남부 지방 동굴에서 박쥐를 숙주로 하여 살다가 아직까지 밝혀지지 않은 어떤 이유로 사람과 접촉하게 된 것이다. 이때 코로나19 바이러스의 숙주 범위(Host Range)가 확대되어 코로나 바이러스가 사람을 숙주로 하여 살게 된 것이다. 현재 지구상에 존재하는 바이러스를 포함한 수천만 가지 생물 종은 종 진화(신종분화)로 만들어지는 것이 결코 아니다.

현재 과학계가 파악하고 있는 지구상의 생물 종 수는 약 150만이다. 이 수의 10배, 즉 약 1500만 가지의 종이 지구상에서 아직 발견되지 않은 것으로 추정하고 있다. 향후 약 1500만 종이 우리에게 하나씩 나타나더라도 그들은 신종이 아니고 창조자가 초자연적으로 창조한 것을 인간이 발견한 것이라는 사실을 알아야 한다.

소진화의 영어 단어는 Microevolution이고 대진화는 Macroevolution이다. 진화라는 단어에 덧붙여진 미시(Micro)와 거시(Macro) 개념은 여러 분야에서 다양하게 사용된다. 미시경제 주체들의 경제 활동이 합쳐져서(누적되어) 거시경제 지표를 만든다든지, 자연에서 최초의 작은 변화(미시)가 연쇄적으로 작용하여 큰 기후 변화(거시)를 초래한다는 나비 효과는 우리에게 익숙한 개념이다. 두 경우에 미시와 거시는 서로 떼려야 뗄 수 없는 밀접한 연관성이 있다.

이로 인해서 마치 변이(소진화, Microevolution)가 긴 세월 동안 누적되어서 종 진화(대진화, Macroevolution)가 발생한다는 오해가 생긴다. 이 책에서 말하고자 하는 핵심은 이것이다. **변이가 누적되거나 변이가 연쇄적으로 작용하여 그 영향이 파급되어도, 종 진화(신종분화)는 결코 발생할 수 없다. 변이와 종 진화(신종분화)는 연결고리가 전혀 없는 별개의 현상이다.** 이 책의 4부 '진화생물학자들의 말 말 말'을 보면 그들이 이구동성으로 이 말을 하고 있는 것을 알 수 있다.

1.2 창조는 초자연현상이고 과학은 창조물을 연구하는 것이다

자연현상은 자연에서 스스로 반복하여 일어난다. 과학이 발전함에 따라 자연현상을 인위적으로 재현할 수도 있다. 하지만 초자연현상은 일회적인 사건이다. 과학이 아무리 발전해도 일회적 사건을 재현할 수는 없다. 과학이 재현할 수 없는 초자연현상은 과학의 탐구 영역이 아니고 탐구할 수도 없다. 창조받지 않은 '스스로 있는 자(성경에서는 창조자 자신을 'I am who I am', '나는 스스로 있는 자'라고 말한다)', 즉 기독교에서 말하는 하나님이 초자연적으로 그리고 일회적으로 자연계와 자연질서를 창조한 것이다.

현재 우리가 갖고 있는 화학 주기율표상의 원소들은 반복되지 않는 일회적인 초자연적인 사건으로 만들어졌다. 수소 원자, 탄소 원자, 산소 원자 등등이 초자연적으로 만들어진 것이다. 이 과정은 재현할 수 없다. 만약 원자들이 만들어지는 일이 자연현상처럼 재현된다면 지금 주기율표에 나오는 원소들과 완전히 판이 다른 새로운 주기율표와 새로운 원소들이 나와야 한다. 과학은 반복되는 자연현상을 모방할 수 있으므로 현재 우리의 주기율표와 판이 다른 새로운 주기율표를 완벽하게 재현할 수 없더라도 그것을 흉내라도 낼 수 있어야 한다. 그러나 하지 못한다. 지금 우리가 갖고 있는 주기율표 원소들은 창조자가 초자연적으로 일회적으로 창조했기 때문이다.

과학자는 보통 지구 밖에서 생명체를 찾을 때 맨 먼저 그곳에 물이 있는지를 조사한다. 그것은 생명체가 작동하는 방식이 물을 통해서 이루어지도록 초자연적으로 일회적으로 만들어졌기 때문이다. 만약 자연적으로 생명체가 만들어졌고 그것이 재현된다면, 물이 아닌 메탄가스나 알코올을 통해서 살아가는 생명체가 자연에서 스스로 만들어지거나 과학이 그것을 재현할 수 있어야 한다. 완벽한 재현은 아니더라도 물이 아닌 새로운 물질에 근거한 생명체를 만드는 시늉을 할 수 있어야 한다. 그러나 하지 못한다. 창조자가 물을 통해서 생명 활동이 작동하는 질서를 초자연적으로 일회적으로 창조했기 때문이다.

물을 기반으로 하는 생명체 탄생 과정도 현재 재현을 못 한다. 혹자는 물을 것이다. 과학이 발전하면 생명이 발생한 과정을 밝히고 더 나아가서 그것을 재현할 수 있지 않을까? 나는 단호히 말한다. 절대 그런 일은 발생하지 않을 것이다. 과학이 발전함에 따라 지식이 축적되어 생명체 작동 원리를 이해하는 것(과학의 산물)과 생명체를 창조하는 것(초자연현상)은 분명히 구별해야 한다. **과학과 창조자 사이에는 이렇게 하늘과 땅 차이가 있다.**

종 진화론의 주장대로 지구상의 최초 생명체(종-1)가 우연히 발생하고, 그것으로부터 새로운 종-2가 발생한다고 치자. 그리고 종-2로부터 종-3으로, 종-3이 종-4로, 종-4가 종-5… 이렇게 반복적으로 자연현상처럼 발생하여 현재 지구에 있는 수천만 종의 생물이 존재하는 것이라고 설명하는 게 종 진화론이다. 만약 종-101에서 종-102가 나오는 것이 자연현상처럼 반복된다면, 현재 우리는 그것을 관찰할 수 있어야 하고 또한 과학으로 그 과정을 재현할 수 있어야 한다. 하지만 둘 다 못 한다. 종 진화는 일어나지 않는다는 말이다. 수천만 가지의 종은 생태 시스템적으로 서로 조화롭게 살도록 초자연적으로, 일회성으로 창조자가 종류대로 만든 것이다.

그러므로 종 진화는 관찰할 수 없고 과학으로 그것을 재현하는 것은 불가능하다.

반면 기독교에서 말하는 창조론은 다음과 같다. 절대자는 생물을 반복되지 않는 일회성 사건으로 각 종류별로 만들었다. 이는 초자연이고 초과학적인 사건이다. 그러므로 창조 과정은 절대로 과학의 대상이 될 수 없다. 창조론은 믿음의 영역이다. 나도 창조자가 어떻게 생물을 각 종류별로 창조했는지 정말 궁금하다. 그러나 이 궁금증을 푸는 건 불가능하다. 창조자와 인간은 차원이 다르기 때문이다. 차원이 다르다는 의미는 뒤에서 설명하겠다(1.4 참고).

생물 종의 기원에 대한 가설이 1859년 찰스 다윈에 의해 주장되었다. 하지만 현재 '생명의 기원'에 대한 어떠한 가설도 존재하지 않는다. 어떤 가설도 제시할 수 없을 정도로 초자연적인 사건이기 때문이다. 생명의 기원과 종의 기원은 별개의 문제가 아니고 서로 연결된 문제이다. **생명의 기원이 초자연적인 사건이면 당연히 종의 기원도 초자연적인 사건이다.**

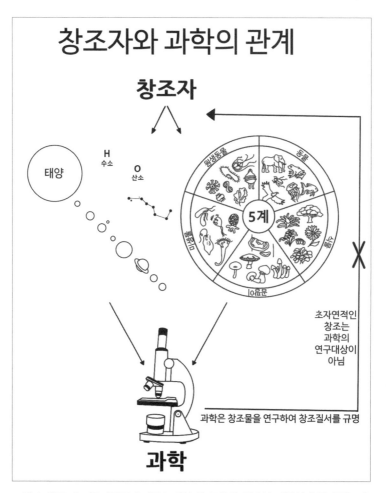

그림 1. 창조자는 주기율표에 나오는 원소를 포함한 우주와 지구상에 존재하는 수천만 종의 생물을 초자연적으로 그리고 일회성으로 창조했다. 과학은 창조물을 연구하여 창조질서와 창조원리를 규명하는 것이고 초자연적이고 초과학적인 창조과정을 연구할 수 없다.

1.3 이성(異性) 간 생식이 가능한 생물은 다 같은 종이다

기존의 종에서 새로운 종이 발생한다는 종 진화론자들의 주장을 이해하기 위해서는 생물 종이 무엇인가에 대한 이해가 반드시 필요하다. 생물 종은 생식을 통해서 계속 유지되기 때문에 종 진화(신종분화)를 생식과 연관하여 이해하는 것이 필수적이다.

앞서 종 안에 변이가 있다는 설명을 했다. 현재 지구상에 사람이라는 종 안에는 약 78억 개의 변이가 있다. 현 지구상에 생존하는 인류 약 78억 변이 중 생식 나이를 넘은 20세 이상 50세 미만 성인이 약 40억 명 있다고 하자. 이때 남성과 여성의 비율이 5:5라고 가정했을 때, 남성 약 20억 변이는 여성 약 20억 변이와 생식이 가능하다. 이처럼 **변이 중에서 남성과 여성 사이에 생식이 가능하면 그 변이들은 같은 종이다. 이것이 종의 생물학적 정의이다. 종의 정의 안에 이미 종은 불변이라는 내용이 포함되어 있다.** 남녀가 인종이 다르더라도 생식이 가능하기 때문에 백인과 흑인은 같은 사람 종이다. 하지만 사람 종과 침팬지 종은 생식이 가능하지 않고 사람 종과 네안데르탈인 종도 생식이 불가능하다. 그러므로 사람, 침팬지, 그리고 네안데르탈인은 다른 종이다.

우리가 반려견으로 키우는 몰티즈와 요크셔테리어 변이는 같은 종이다. 몰티즈 암컷과 요크셔테리어 수컷이 생식이 가능하기 때문이다. 말(암컷)과 당나귀(수컷)를 인공적으로 교배하면 2세로 노새가 나온다. 2세 노새

암수는 교배할지라도 노새 3세를 출산하지 못한다. 노새 2세에서 노새 3세로 연속적인 생식이 되지 않으므로 말과 당나귀는 완전한 생식을 하는 것이 아니다. 그러므로 말과 당나귀는 다른 종이 된다. 수사자와 암호랑이 사이에 태어난 라이거도 생식 능력이 없다. 이는 사자와 호랑이가 다른 종임을 말하는 것이다.

같은 종 안에 속한 변이들은 서로 생식이 가능하다. 2세, 3세, … n세대 계속 생식이 가능하다. 서로 생식이 가능한 같은 종에 속한 개체들로부터 새로운 종이 출현했다고 하자. 이 새로운 신종분화 선발개체(Speciation Starter)는 기존 종의 개체와 생식이 불가능해야 한다. 새롭게 발생한 신종분화 선발개체가 구종과 생식을 하면 선발개체는 신종이 되지 못하고 바로 구종으로 편입된다. 신종이 구종으로부터 벗어나는 것을 '생식분리(Reproductive Isolation)'를 이루었다고 표현한다. 다른 말로는 '종 간 장벽(Species Barrier)을 넘었다'라고도 한다. 나중에 설명하겠지만 종 간 장벽은 절대 넘을 수 없다. 이 장벽을 넘기 위해서 통과해야 하는 6개의 관문이 있다. 6개 관문 하나하나가 통과하기가 거의 불가능하다(3.5 참고).

창조자는 생식이라는 과정을 통해서 종의 영속성을 유지하게 창조하였다. 그러므로 이 창조 질서 속에 신종분화(종 진화)가 절대로 일어날 수 없다는 것이 내포되어 있다.

20세기 중반부터 지금까지 다양한 생물학 특히 생식생물학과 발생생물학의 발전으로 쌓인 많은 이론과 지식은 '종 간 장벽'은 절대로 넘을 수 없다는 것을 선언한다. 즉, 종 진화(신종분화)는 가능하지 않다는 말이다.

1.4 인간은 3.5차원 창조자는 7차원이다

우리는 흔히 차원이 다르다는 말을 사용한다. 나는 이 차원이 다르다는 개념을 통해서 우주와 각종 원소를 창조하고 생물을 각 종류대로 창조한 창조자와 피조물 중의 하나인 인간을 구별하고자 한다.

1차원은 선이다. 좌표로 표시하면 (1), (2), (12) 등등이다. (1)은 물체가 한 점에 위치한 것이고 (12)도 다른 한 점에 위치한 것이다. 두 물체가 (1)과 (12)에 각각 위치하고 있는 것이다. 2차원은 (1,1)에 있는 물체와 (12,12)에 있는 두 물체를 표시한다. 1차원과 2차원의 다른 점은 1차원은 선상에서의 위치이고, 2차원은 평면상에서 앞뒤, 좌우를 표시하는 것이다. 마찬가지로 3차원은 (1,1,1)과 (12,12,12)로 두 물체의 위치를 표시한다. 시간이 정지된 공간상에서 앞뒤, 좌우, 위아래로 물체의 위치가 정해진다.

3차원 (1,1,1)에 있는 물체가 (12,12,12)로 이동하는 경우에 하나의 차원이 더해진다. 바로 시간이다. 우리는 모든 피조물과 같이 3차원 공간과 시간 차원이 있는 4차원에 살고 있다. 시간은 한 방향으로 흐르고 뒤로 돌릴 수 없기 때문에 완전한 차원은 아니다. 나는 시간을 0.5차원이라고 말하고 싶다. 우리는 3.5차원에 살고 있다.

1차원과 2차원은 서로 어떤 관계가 있나? 2차원을 칼로 자르면 그 단면이 바로 1차원이다. 같은 방법으로 3차원의 단면이 2차원이다. 완전한 시간 차원을 포함한 4차원의 단면이 3차원이다. 시간이 전후로 변하기 때문에 4차원의 단면을 구하기 위해서 칼로 자르면 3차원이 만들어지는 것을 알 수 있다.

그렇다면 5차원은 어떤 모습일까? 다섯 번째 차원은 무엇일까? 가로, 세로, 높이, 시간 외에 어떤 속성의 차원이 더해져야 할까? 그것이 무엇이길래 5차원의 단면을 구하면 4차원이 나올 수 있을까? 인간은 다섯 번째 차원을 생각할 수 없다. 6차원은 무엇일까? 7차원은? 수학자들이 관념적으로 n차원을 설정해서 연구하는 것은 단지 이론일 뿐이다.

나는 창조자는 5차원, 6차원도 아닌 적어도 7차원에서 존재한다고 믿고 있다. 그래야 주기율표 원소를 창조하고 우주를 창조하고 그 안의 수많은 별들과 행성이 정해진 궤도를 밀리초 단위로 정확하고 정밀하게 움직이도록 창조할 수 있을 거라 믿기 때문이다. 우문이지만 무생물 우주의 창조와 생명체의 창조 중 무엇이 더 난도가 있는 것일까? 나는 생명체의 창조가 더 어려운 작업이라고 생각한다. 아마도 내가 생물 실험과 연구를 업으로 하는 사람이라 그런 편견이 생겼을 거라 생각한다.

창조자와 피조물은 차원이 다른 존재이다. 그것도 3.5차원과 7차원으로 달라도 너무 다르다. 불완전한 4차원에 살고 있는 인간으로서는 감히 생각할 수 없는 것이 7차원이다. 우리 인간이 창조자 앞에 겸손해야 하는 이유이다. 현재 코로나19 팬데믹으로 모두 어려운 시기를 지내고 있다. 창조자가 우리 인간에게 면역 시스템을 주었기 때문에 우리는 과학의 힘을 통해서 백신과 치료제를 개발해 그 질병과 싸우고 있다. 과학이 아무리 발전해도 우리 인간의 몸에 새로운 면역 시스템을 만들어 집어넣을 수는 없다. 창조자가 만든 면역 시스템을 이용하는 것과 면역 시스템을 만드는 것은 차원이 다른 문제이다.

통신 기술과 인공지능 기술이 하루가 다르게 발전하고 있다. 앞으로 곧 5단계 완전 자율주행 자동차가 나올 것이라 믿는다. 5단계가 아니고 100단계 자율주행차가 나온다고 가정하자. 이 100단계 자율주행차 X(남성)형과 S(여성)형이 서로 좋아서 만나고 생식하는 것을 상상할 수 있을까? X, S 부부가 x형 2개, s형 2개 즉 2남 2녀의 자식을 얻는 것을 상상할 수 있나? 이건 불가능하다.

그러나 창조자는 양성 생식하는 모든 생물은 생식을 통해 종을 영속할 수 있도록 창조하였다. 이렇게 우리가 당연하게 여기는 생물의 생식 기능을 생각한다면 인간이 만드는 인공물과 창조자가 만든 생물은 결코 비교될 수 없다. 과학자가 실험을 통해 새로운 종을 만들어 낼 수 없는 것도 같은 맥락이다.

우리 인간을 포함한 모든 양성 생식하는 생물은 100세대 자율주행차보다 더 정교하다. 단세포 생물인 빵을 만드는 효모도 100세대 자율주행차보다 더 정교하다. 이 효모는 스스로 번식(무성 생식)도 하고 짝을 만나서 양성 생식도 한다. **우리는 창조자의 7차원 능력과 3.5차원의 인간과 과학의 한계를 명확히 알 필요가 있다.**

1.5 두 가지 연구 방법: 관찰과 묘사 방법, 실험과 분석 방법

생물학에는 연구 방법이 크게 두 가지 있다. '관찰과 묘사' 방법과 '실험과 분석' 방법이다. 관찰과 묘사 방법은 19세기 말까지 주로 사용하던 방식이다. 우리의 눈으로 생물을 관찰하고 그것을 묘사하는 것이 주된 연구 방법이다. 20세기 초반에 들어오면서 물리학을 생물에 적용한 생물물리학과 화학을 생물에 적용한 생화학을 이용하여 다양한 기술이 개발되었다. 생체 고분자 물질 분리 및 분석 기기가 개발되었고, 동위원소 표지 기법과 방사선, X선에 의한 인공 돌연변이 실험이 가능해졌다.

이런 실험과 분석 기법을 통해 1952년 생물의 유전물질이 DNA라는 사실이 밝혀졌다. 1953년에 DNA 이중 나선 구조가 밝혀지고, 1972년에는 유전자 재조합 기술을 통해서 분자생물학적 실험을 거의 자유자재로 하는 것이 가능해졌다. 이때부터 DNA와 단백질을 이용한 분자 수준의 실험과 분석 방법을 본격적으로 이용하게 되었고 결과적으로 현대 생물학이 꽃을 피우게 된다.

다윈이 『종의 기원』 책을 1859년에 출판하면서 촉발된 종 진화론은 관찰과 묘사 방법이 지배하던 시대의 산물이다. 실험을 하지 못하는 상황에서 관찰을 통한 연구가 진행되었다. 생명현상에 대한 피상적인 관찰을 통해서 어떤 결론을 내릴 수밖에 없었다. 보이는 현상 밑에 흐르는 분자 수준의 작용 메커니즘을 알 수 없었다.

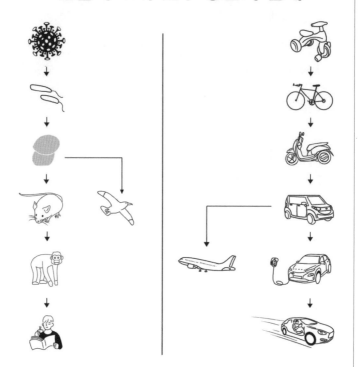

관찰과 묘사 연구 방법의 한계

관찰과 묘사 연구 방법으로 생물 종을 연구하여 바이러스가 사람으로 종 진화되었다고 주장하는 것은
사람의 이동 수단을 관찰과 묘사 연구 방법으로 연구하여
세발 자전거가 자율 주행차로 자발적으로 변했다고 주장하는 것과 같다.
종 진화(신종분화)가 과학적인 사실이 되려면 실험과 분석 연구 방법으로 종 진화(신종분화)에 대한 증거를 제시해야 한다.
현재 종 진화(신종분화)에 대한 실험과 분석 연구 결과가 전혀 없으므로 종 진화론은 소설이 되는 것이다.

그림 2. 다윈의 진화론이 나온 19세기 중엽에는 '관찰과 묘사'를 통한 연구방법만
가능했다. 20세기 중반부터 현재까지 생물 연구 방법은 분자 생물학, 세포생물학,
분자 유전학, 발생학, 생식학 지식을 이용한 '실험과 분석'이다. 관찰과 묘사 방법으
로 바이러스가 효모와 침팬지를 거쳐 사람으로 종 진화(신종분화)되었다고 주장하
는 것은 마치 세발 자전거가 오토바이와 전기 자동차를 거쳐 5단계 완전 자율주행
차로 자발적으로 진화되었다고 주장하는 것과 같다.

스마트폰을 연구한다고 가정하자. 앱 버튼을 손가락으로 툭 쳐서 작동하는 것을 눈으로 보면서 연구하는 것은 관찰과 묘사 방법이고, 이것을 터치하면 이것이 어떻게 실행되는지 전자 회로와 전산 프로그램으로 그 작용 메커니즘을 연구하는 것이 분자 수준의 실험과 분석 방법이라고 할 수 있다.

어떤 질병을 갖고 있는 사람에게 A물질을 투여했다고 하자. 그 후 환자의 상태를 눈과 귀로 관찰하고 기록하는 것이 관찰과 묘사 방법이다. 반면 A물질이 환자의 몸에 투여된 후 간에서 A물질이 어떤 물질로 변하고, 이것이 혈액 속에 흡수되어 어떤 기관의 어떤 세포에 작용하여 어떤 신호 전달 과정을 거쳐서 어떤 효과를 최종적으로 내는지 그 메커니즘을 밝히는 것은 분자 수준의 실험과 분석 방법이다.

생물학은 20세기 중후반기에 실험과 분석 방법을 이용하여 전성기를 맞이했고 지금은 21세기이다. 19세기 관찰과 묘사 방법으로 탄생한 종 진화론이 지금까지 사실로 받아들여지는 게 믿어지지 않는다.

획득형질이 유전된다는 생각과 생물에 대한 피상적인 관찰을 근거로 주장된 것이 다윈의 종 진화론이다. 획득형질은 유전이 될 수 없다는 것은 아우구스트 바이스만(August Weismann)이 쥐를 이용한 실험을 통해서 밝혀냈다. 이 실험은 뒤에 자세히 설명하겠다(3.1 참고). 그 후 1895년에 들어와서 다윈의 진화론은 획득형질이 유전된다는 주장을 버리고 멘델의 유전학과 결합하여 '신다윈주의' 진화론으로 새롭게 탄생하긴 하였지만, 그것도 여전히 관찰과 묘사의 범주에 머물고 있었다. **종 진화가 사실이라**

면 실험과 분석 방법을 도입하여 종 진화(신종분화) 메커니즘을 밝혀야 한다. 그러지 못한다면 종 진화론은 과학적 이론이 아니라 소설에 불과하다.

1.6 과학과 소설 그리고 믿음

　과학은 실험을 통해서 얻어진 자연계에 대한 지식이다. 실험을 통하지 않는 과학은 존재하지 않는다. '실험과 경험에 의해서만 진리에 도달할 수 있다.' 이것이 실험이상주의(Experimentalism)가 표방하는 정신이다. 그러므로 종 진화(신종분화)를 실험을 통해서 입증하지 못하고, 종 진화(신종분화)를 우리 눈으로 목격하지 않은 상태에서 종 진화론을 주장하는 것은 옳지 않다.

　요즘 진화생물학자들은 네안데르탈인이 어쩌고저쩌고 하면서 그 종으로부터 사람 종으로 진화되었다고 주장한다. 100% 소설이다. 이들의 주장이 세계적으로 유명한 과학 잡지 사이언스(Science), 네이처(Nature)에 실리는 경우도 있다. 과학 논문은 비슷한 분야의 동료들이 심사해서 게재된다. 심사하는 동료들이 다 진화생물학자들이다. 그들은 자기네들이 사용하는 과학적 방법이 적용되었는지를 판단한다. 하지만 그들의 과학적 방법론은 편협되어 있다. 자기들만의 리그를 만들어서 그 안에서 떠들어 대는 것이다. 네안데르탈인이 사람으로 진화되었다는 증거는 뼛조각 몇 개나 방사능 동위원소 연대 측정 같은 고고학적인 연구가 전부이다.

　21세기 현재는 생식생물학과 발생생물학과 더불어 유전자와 단백질을 이용한 분자 수준, 세포 수준, 개체 수준, 집단 수준의 작용 메커니즘을 통해서 어떻게 네안데르탈인 종이 사람 종이 되었는지를 자세히 단계별로

제시해야 한다.

　인간을 포함한 모든 생물과 우주 만물을 창조한 자가 있고, 그분이 그 모든 것을 운용한다는 것을 믿는 사람이 있다. 기독교인이다. 비기독교인들은 이것을 맹신이라고 말할지 모른다. 우리에게 성경의 기록이 없고, 그 기록을 깨닫게 해 주는 성령의 능력을 믿지 않으면 그렇게 볼 수도 있다. 그러나 창조자는 우리에게 초자연적으로 성경을 주시고 그 내용을 깨닫고 믿을 수 있도록 계시와 도움을 준다. 이런 도움과 계시가 없다면 3.5차원에 살고 있는 사람이 7차원적으로 창조된 사건을 믿을 수 없다. **창조자께서 믿음이라는 신비로운 것을 기독교인에게 은혜로 허락하셨기에 우리가 성경에 기록된 창조를 믿을 수 있다.**

　믿음은 과학의 대상이 아니다. 우리는 과학에 어느 정도 세뇌되어 있는 것이 사실이다. 나부터도 과학적인 시각으로 성경에 기록된 사건을 보려는 관성이 작동하는 것을 자주 경험한다. 그럴 때마다 나는 생명을 갖고 있는 길가의 풀 한 포기나 하루살이 날벌레가 빛 주위를 열심히 나는 것을 보며 생각에 잠긴다. 그 속에서 유전자와 단백질이 어떻게 상호 작용을 할지를 머릿속에 그리며 창조자를 생각하곤 한다. 그리고 그를 경외한다.

1.7 과학 실험은 어떻게 하는가?

과학자는 자연현상을 탐구하여 그 현상을 지배하는 일반적이고 보편적인 원리를 규명한다. 먼저 자연현상에 대해서 무엇을 탐구할지 정한다. 탐구할 대상은 일단 과학자의 호기심에서 출발한다. 그 다음 실험을 어떻게 수행할 것인지를 설계하고, 필요한 실험 도구와 실험 재료를 사용해서 실험을 수행한다. 이때 사용하는 실험 방법이 중요하다. 그 분야에서 타당한 방법으로 인정된 것을 사용해야 한다. 그래야 실험에서 나온 결과를 인정받을 수 있다. 얻은 결과를 해석하는 것도 매우 중요하다. 결과는 이미지로 나와서 직접 눈으로 보기도 하고, 숫자로 나오는 경우도 있다. 실험을 한 번 실시하지 않고 반드시 여러 번 반복해야 한다. 이 경우 통계학을 사용하여 반복 실시된 여러 개의 결과를 분석하는 것이 필요하다.

보통 실험은 그 결과를 예측하고 수행하는 경우도 있지만 결과가 어떻게 나올지 예측을 할 수 없는 경우도 많다. 어떤 특정한 결과를 예측했는데 그 예측한 결과가 나오지 않았다고 실망할 필요는 없다. 처음 생각대로 나오지 않은 실망스러운 결과가 대박 결과로 이어지는 경우가 많다. 대부분 실험은 예상한 대로 결과가 잘 나오지 않는다. 그 예상 밖 결과를 면밀히 분석하고 그를 토대로 다른 변수를 대입하여 실험을 반복 수행한다. 이런 반복 과정을 통해 일정한 규칙성이 관찰되면 이것이 바로 그 자연현상을 지배하는 법칙이 된다. 실험(1)-결과(1)-실험(2)-결과(2)…를 반복하는 것은 마치 스무고개 놀이를 하는 것과 유사하다.

우리가 현재 실험실에서 자주 사용하는 실험 방법은 어떤 것이 있을까? 모방실험(Simulation Experiment), 가속실험(Accelerated Test), 과장실험 (Stress Test) 등이 있다. 이 실험 방법들이 어떤 것인지 하나씩 설명해 보겠다.

실험 대상이 활화산일 경우 이것을 직접 실험 대상으로 삼는 것은 거의 불가능하다. 화산 폭발이라는 어마어마한 현상을 직접 관찰하고 연구하는 것은 매우 어렵다. 화산 활동이 몇십 년 또는 몇백 년마다 일어나는 일이면 연구하는 것에 큰 장애가 된다. 이런 이유로 과학자들은 실험실에서 화산 현상을 모방한 **모방실험**을 한다. 모방실험을 하기 위해서는 화산 활동을 모방한 시스템을 실험실에서 먼저 만들어야 한다. 이 시스템을 사용하여 화산 활동에 미치는 여러 가지 변수를 실험실 시스템에 적용하고 결과를 얻고 다시 변수를 조정하여 결과를 얻는 과정을 반복 수행한다. 이런 실험실 모방실험으로 얻은 지식을 축적한 다음 실제 활화산이 언제 폭발할 것인지 등을 예측하는 고급 정보를 추출한다.

가속실험은 어떤 변화의 과정을 가속시키는 방법이다. 예를 들어 과학자들이 어떤 자연현상을 오랫동안 관찰해야 하는 경우 이 시간을 기다리며 실험을 하는 것은 어려울 수 있다. 그래서 10년에 걸쳐 일어나는 일을 가속해서 하루나 일주일에 일어나는 일로 상황을 인위적으로 만들어서 실험하는 것이다. 가속실험을 통하면 염색된 섬유가 10년 동안 햇빛에 어떻게 변색되는지를 불과 3~4일 만에 알 수 있다.

과장실험은 어떤 현상에 어떤 효과를 주고 그 영향을 관찰할 경우 필요 이상으로 효과를 주어서 그로 인한 과장된 결과를 얻는 것이다. 결과를 쉽고 분명히 보기 위해서 처리하는 효과를 과장하는 것이다.

생물학에서 실험은 알파이고 오메가이다. 그런데 진화생물학자들은 실험을 하지 않고 말로만 "A종에서 B종으로 종 진화가 되었다"라고 주장한다. 실험으로 증명되지 않은 것을 주장하는 것이다.

생물학자들은 어떤 현상을 봤을 때 본능적으로 이것을 어떻게 실험할 것인지를 생각하는 사람들이다. 커피를 먹는 것이 사람 건강에 유익한지 해로운지 의문을 푸는 유일한 방법은 실험을 하는 것이다. 하지만 그 실험은 쉬운 실험이 아니다. 한 연구팀이 해롭다는 결론을 냈어도 그것이 반드시 사실이라고 말할 수 없다. 언제든지 기존의 주장이 뒤집어질 가능성이 있다. 여러 실험에서 상반된 결과가 나왔을 경우, 그들의 실험 방법 중 어느 것이 더 타당한지를 판단하여 결과를 취사 선택할 수도 있다. 여러 실험 결과를 종합하여 사실이 무엇인지를 판단하기도 한다. 실험은 실험으로 반박하고 실험은 실험으로 확인한다. **생물학에 있어서 실험은 생명이다.**

진화생물학자들은 신종분화(종 진화) 실험을 실험실에서 하는 것이 불가능하다고 말한다. 종 진화는 오랜 기간 동안 서서히 일어나는 일이기 때문이라고 말한다. 이는 변명에 불과하다. 가속실험을 설계해서 100만 년에 걸쳐 일어나는 일을 1년 또는 수십년 안에 마칠 수 있다.

서서히 변하는 것도 과장실험을 통해 기존의 종에서 새로운 종이 바로 나오게 설계하여 그 결과를 확인하는 방법이 있다. 종 진화론자들의 주장에 의하면 자연에서 종이 변하는 것은 DNA 염기서열의 돌연변이가 점진적으로 누적하여 변하는 것이다. 신다윈주의자(Neo-Darwinism)들이 말하는 점진주의(Gradualism)다. 이 DNA 염기서열을 급격히 변화시키는 돌연변이 유도 물질을 과장해서 처리하면 100만 년에 걸쳐 일어날 DNA 염기서열 돌연변이를 실험실에서 몇 시간 또는 며칠 안에 일으킬 수 있다.

머릿속에서 생각으로 진행하는 **사고실험(Thought Experiment)**을 사용할 수도 있다. 이 방법은 실험에 필요한 장치와 조건을 단순하게 가정한 후 가상의 시나리오를 세우고 기존의 이론을 바탕으로 시나리오가 어떻게 작동할지를 생각으로 예측하는 것이다.

종 진화(신종분화)가 사실이라면 가속실험과 과장실험을 통한 자연에 대한 모방실험에서 종 진화(신종분화) 과정을 재현할 수 있어야 한다.

1.8 생물은 분자와 세포로 구성된 시스템이다

생물학에서는 연구 대상을 바라보는 수준(level)이라는 것이 있다. 집단 수준, 개체 수준, 세포 수준, 분자 수준 등이다. 예를 들어 쥐를 연구한다고 하자. 광주광역시 광주천에 서식하는 집쥐(시궁쥐라고도 부름, Rat) 집단을 연구 조사 대상으로 보는 것이 **집단 수준**의 연구이다. 광주천에 사는 집쥐 집단과 먹이 사슬 관계에 있는 다른 동물 집단과의 상호 작용을 생태와 같이 연구하는 것이다.

반면 쥐 몇 마리를 실험실에서 키우면서 그들의 행동, 학습 능력, 생리, 생식 등을 연구하는 것이 **개체 수준**이다. 개체 수준의 연구와 집단 수준의 연구를 결합시켜 연구하는 경우도 있다. 개체와 집단 사이에 상호 관계가 있기 때문이다.

다윈은 갈라파고스 섬에 사는 여러 종의 핀치 새들을 집단 수준에서 조사했다. 각 종들의 부리 모양과 그들의 생존 환경을 연관하여 조사하였다. 그는 이 관찰을 토대로 먹이를 구하는 경쟁에서 살아남기 위해 다른 모양의 부리를 갖는 핀치 새로 종이 진화되었다는 결론을 내렸다. 집단 수준의 연구와 개체 수준의 연구가 연합한 것이라 할 수 있다. 그러나 21세기에는 개체 수준과 집단 수준의 연구만으로는 부족하다.

분자 수준의 연구는 생명현상을 근본적으로 책임지는 분자들을 연구하는 것이다. 원자가 아니고 분자라는 것에 유념해야 한다. 생물에서 원자는 무의미하다. DNA, 단백질, 지질, 탄수화물 분자가 그 연구 대상이다. 그 중 유전에 관련된 분자는 DNA와 단백질이다. 단백질-단백질 상호 작용, DNA-단백질 상호 작용을 연구하고 그것이 어떻게 생물의 기능과 형질을 나타내는지, 유전을 결정하는지 시험관이나 생체 내에서 연구하는 것이다.

세포 수준 연구는 위 분자들과 세포 소기관들이 세포라는 시스템 안에서 어떻게 상호 작용을 하는지를 탐구하는 것이다. 세포 안에는 연구하는 몇 개의 분자들만 서로 상호 작용을 하는 것이 아니고 세포 안에 있는 수천 개의 서로 다른 분자들이 시스템적으로 거미줄처럼 얽혀 서로 상호 작용을 한다. 따라서 분자 수준에서의 작용 메커니즘과 세포 수준에서 그들의 작용 메커니즘이 일치해야 유의미한 결과가 된다.

세포 수준의 연구와 개체 수준의 연구의 관계도 분자와 세포 수준의 연구 관계와 매우 유사하다. 사람 하나의 개체는 약 100조 개의 세포로 구성되어 있다. 조 단위 세포들은 독립적으로 존재하지도 않고 독립적으로 기능하지도 않는다. 100조 개의 세포는 일차적으로는 조직으로 묶여 있고 조직이 모여 기관이 되고 기관이 연합하여 개체가 된다. 세포 수준의 연구 결과도 결국 개체 수준의 연구에서 그 결과가 확인되어야 한다. 그래서 모든 생물의 연구 결과는 분자 수준 → 세포 수준 → 개체 수준 → 집단 수준의 연구로 가서 상호 검증이 이루어져야 하고, 그 작용 메커니즘이 모든 수준에서 일맥상통해야 한다.

예를 들어 분자 수준의 연구에서 암 유발 유전자의 발현을 억제하는 단백질을 발견했다고 하자. 이 단백질을 활성화시켜 주는 신물질이 항암 치료제의 후보가 된다(분자 수준의 연구). 다음 이 신물질을 배양 중인 암세포에 투여해서 세포 수준의 항암작용이 있는지를 확인해 볼 필요가 있다(세포 수준의 연구). 그 다음 이 신물질을 활성 암을 가지고 있는 생쥐라는 개체에 투여해서 항암작용이 있는지를 확인한다(개체 수준의 연구).

만약 이 물질이 개체 수준까지 항암 효과가 있어서 사람에 대한 임상시험을 한 후 신약으로 개발되어 국내 병원에서 투약된다고 가정하자. 그 결과 남한에 사는 한국 사람 집단에서 이 신약으로 인해서 어느 특정한 암으로 사망하는 건수가 감소하는 집단 수준의 결과가 만들어진다(집단 수준의 연구).

이렇게 분자 수준과 세포 수준의 연구에서 나온 결과를 개체 수준과 집단 수준에서도 확인할 수 있어야 한다. 종 진화가 사실이 되려면 어느 한 수준이 아니고 모든 수준(분자 수준, 세포 수준, 개체 수준, 집단 수준)에서 반드시 검증을 받아야 한다. 하지만 현재 종 진화(신종분화)에 대한 실험은 어떤 수준에서도 그 결과를 도출한 적이 없다. 있다면 개체 수준과 집단 수준에서의 부분적이고 편협한 관찰과 묘사 방법에 근거한 주장만 있을 따름이다.

관찰과 묘사 방법과 실험과 분석 방법의 차이는 앞에서 언급한 바 있다. 관찰과 묘사 방법은 19세기 생물학 방법이고 20세기, 21세기 생물학의 연구 방법은 실험과 분석이다. 현재는 종 진화(신종분화) 실험을 분자 수준, 세포 수준, 개체 수준, 집단 수준으로 연구할 수 있는 모든 준비가 되어 있다. **만약 누가 종 진화(신종분화) 실험에 성공하면 노벨상은 물론이고 다윈보다 더 위대한 과학자로서 명예를 얻을 수 있다. 그런데 실험을 하지 않는다. 이는 무엇을 뜻할까? 사실은 실험을 못 하는 것이다.**

1.9 염색체와 감수분열 그리고 상동염색체

생물은 종에 따라 염색체 수가 다르다. 빵 효모는 32개, 노랑초파리 8개, 예쁜꼬마선충 12개, 호랑이 38개, 생쥐 40개, 집쥐 42개, 당나귀 62개, 말 64개, 침팬지 48개, 사람 46개 등등이다. 염색체 수에는 두 가지가 있다. 배수체(倍數體, 2n) 염색체 수와 반수체(半數體, n) 염색체 수가 그것이다. 위에 나열한 염색체 수는 배수체 염색체 수이다. 배수체 염색체는 두 벌(Sets) 염색체를 갖는다. 반수체 염색체는 한 벌 염색체를 갖는다. 사람은 배수체 염색체 수가 46개, 반수체 염색체 수가 23개이다.

감수분열(減數分裂)은 배수체 염색체 수가 반수체 염색체 수로 감소되는 것이다. 감수분열은 생식기관에 있는 체세포(배수체 염색체 수, 남성은 정원세포, 여성은 난원세포)가 생식세포(반수체 염색체 수, 남성은 정자, 여성은 난자)를 형성하면서 일어나는 과정이다. 반수체 염색체를 갖는 두 개의 생식세포, 즉 난자와 정자가 수정함으로써 다시 배수체 염색체 수를 갖는 체세포가 된다.

남녀의 체세포(배수체) → 생식세포 정자(반수체) + 생식세포 난자(반수체) → 남녀의 체세포(배수체) → 생식세포 정자(반수체) + 생식세포 난자(반수체)… 이 과정이 반복되면서 어떤 종이 갖는 염색체 수가 일정하게 유지되고 종의 영속성이 유지된다. 사람으로 예를 들면 46 → 23+23 → 46 → 23+23…이 된다.

위에서 언급한 것처럼 종이 갖는 고유의 염색체 수가 있다. 그러므로 종이 변한다는 것은 염색체 수가 변한다는 것이다. 위에서 보는 바와 같이 양성 생식을 하는 생물은 종의 영속성을 유지하는 시스템 안에 이미 염색체 수가 변할 수 없게 장치가 되어 있다. 염색체 수가 변할 수 없으면 종도 변할 수 없다.

감수분열은 염색체 수가 반감되는 것이라고 말했다. 수가 반감되면서 두 벌이 한 벌이 되는 개념을 정확히 이해할 필요가 있다. 예를 들어 밥그릇, 밥그릇 뚜껑, 국그릇, 국그릇 뚜껑, 수저, 젓가락 6개 구성품이 한 벌인 놋쇠 식기 제품이 있다고 하자. 이 식기가 두 벌 있는데 어떻게 한 벌씩 균등하게 나눌 수 있을까? 단순히 구성품의 수만 6과 6으로 나누는 것이 아니다. 한쪽으로 밥그릇 두 개, 국그릇 두 개, 수저 두 개로 총 6개 구성품이 가고 다른 쪽으로 나머지 6개 구성품(밥그릇 뚜껑 두 개, 국그릇 뚜껑 두 개, 젓가락 두 개)이 가면 안 된다. 만약 그렇게 되면 두 벌의 식기가 각각 한 벌씩 나누어지는 것이 아니다. 이런 식으로 사람 염색체 46개가 나뉘면 종의 영속성은 차치하고 바로 다음 세대 발생 자체가 불가능하다.

위 놋쇠 제품을 다시 예로 들어 보자. 각 구성품을 같은 것끼리 두 개씩 쌍을 이루게 하고 일직선으로 배열한다. 밥그릇-밥그릇, 밥그릇 뚜껑-밥그릇 뚜껑, 국그릇-국그릇, 국그릇 뚜껑-국그릇 뚜껑, 수저-수저, 젓가락-젓가락. 그리고 일렬로 배열된 각 구성품 쌍을 위아래로 하나씩 끌어온다. 그러면 위로 한 벌 6개 구성품이 가고 아래로 한 벌 6개 구성품이 정확히 나누어진다.

감수분열 시 사람의 두 벌 염색체도 각각 쌍을 이룬다. 염색체 1번-염색체 1번, 염색체 2번-염색체 2번, … 염색체 22번-염색체 22번, 염색체 X-염색체 Y(정자) 또는 염색체 X-염색체 X(난자). 염색체 23쌍이 일렬로 배열된다. 그리고 쌍으로 된 두 개의 염색체를 각각 위아래로 하나씩 잡아당기면 두 벌(46개)이 정확히 두 개의 한 벌(23개) 염색체가 된다. 만들어진 생식세포는 염색체 1번부터 22번 그리고 X(또는 Y)까지 23개로 구성된 한 벌 염색체가 된다. 이것이 수정하여 두 벌이 되고 다음 세대에서 생식세포가 만들어질 때 다시 한 벌이 되는 일이 계속 반복된다.

쌍을 이루는 염색체 1번-염색체 1번은 구조와 유전자 조성은 같지만 DNA 염기 서열 측면에서 완전히 같은 염색체는 아니다. 하나는 어머니에게서 다른 하나는 아버지에게서 받은 것이다. 두 염색체 관계를 우리는 상동염색체(相同染色體, Homologous Chromosome)라고 한다. 상동염색체가 어떻게 쌍을 이루는가는 아직 현대 생물학의 풀리지 않은 수수께끼이다. 염색체 46개와 수천 가지의 생체 고분자 물질로 꽉 찬 비좁은 핵 안에서 각각 자기 짝을 찾아간다는 것은 신비 중의 신비이다. 만약 각 상동염색체가 정확히 23쌍을 만들지 못하면 비정상적인 수를 가진 염색체의 생식세포가 만들어지고 그것이 수정에 참여하면 대부분의 태아가 정상적인 발생을 못 하고 유산된다.

감수분열 시 사람의 염색체 46개가 서로 다른 상동염색체끼리 쌍을 이루고 23쌍이 직선으로 배열한다고 했다. 이때 배열하는 경우의 수가 2^{22}이다. 4백만 가지의 서로 다른 배열이 나온다. 정자와 난자 각각 4백만 가지 다른 조합으로 만들어진다. 정자와 난자가 수정되어 수정란이 만들어지는 것이므로 만들어지는 수정란의 경우의 수는 4백만×4백만이다. 이때의 경우의 수는 16조이다. 상동염색체 간의 교차(cross-over)와 DNA 중합효소가 염색체를 복제하는 중 발생하는 실수에 의한 경우의 수를 여기에 곱하면 거의 무한대가 나온다. 사람 종 안에서 나올 수 있는 변이 수가 무한대인 것이다. 사람을 포함한 각 생물들의 게놈을 염색체로 나누어지게 하고 배수체-반수체-배수체로 양성 생식을 하는 중에 종 안의 변이들의 유전적 다양성이 무한대로 확보되는 것이다.

생식 중 염색체의 행동을 보면 체세포가 갖는 염색체 수는 변할 수 없음으로 종은 불변이다. 감수분열 중 상동염색체가 쌍을 이루고 무작위로 나누어지는 것을 통해서 종 안의 변이는 거의 무한대가 된다. 이것이 창조자가 만든 창조 질서이다. 변이와 신종분화(종 진화)를 절대로 혼동하면 안 되는 이유이다.

다윈의 종 진화론 탄생 배경

2.1 19세기 당시의 유전 개념

    범생설(Pangenesis)은 기원전 4세기 그리스 히포크라테스에 의해 주장된 유전 가설이다. 놀랍게도 이 가설은 19세기 중엽 찰스 다윈이 『종의 기원』 책을 출간할 때까지 유지되었다.

    범생설이 주장하는 내용은 다음과 같다. 생물의 각 부분(기관)에서 만들어진 씨앗이 생물의 각 부분들의 형질(예를 들면 머리카락 모양, 대머리, 키, 눈동자 색 등등)을 그대로 가지고 혈액을 통하여 생식기관으로 이동하여 생식세포를 만든다. 이렇게 만들어진 부모의 생식세포가 수정을 하며 다음 자손에게 부모의 각종 형질이 전달된다. 그러므로 부모가 얻은 획득형질이 씨앗을 매개로 하여 자손에게 그대로 전달된다.

이는 혈액을 통하여 씨앗이 이동하므로 '혈액유전설'이라고 불리기도 한다. 다윈은 생식세포로 이동하는 씨앗을 제뮬(gemmule)이라고 명명했다. 우리는 보통 결혼을 하여 자식을 낳으면 부모의 피가 섞였다는 말을 종종 한다. 이 말의 배경에는 혈액유전설이 자리하고 있다고 할 수 있다.

18~19세기에 유전이라는 현상을 바라보는 관점은 유전이 일어나면서 유전물질이 섞인다는 것이었다. 이것이 혼합유전이론(Blending Theory of Inheritance)이다. 스웨덴 식물학자 칼 폰 린네(Carl von Linne)는 1735년에 식물의 같은 종 안에서 다른 변이(예를 들어 키가 큰 식물 변이와 키가 작은 변이)를 교배하면 자손은 두 부모의 중간 형질을 나타낸다는 것을 관찰하였다. 린네 이후 독일의 식물학자 칼 프리드리히 폰 가트너(Karl Friedrich von Gaertner)는 많은 잡종교배 실험을 했다. 그 결과를 토대로 자손의 형질이 부모 형질의 혼합에 의해서 결정되는 것을 발견할 수 있었다. 이것이 혼합유전이론의 근거가 되었다. 이 혼합유전설과 고대 그리스 시대의 범생설과 일맥상통하는 이론이다.

멘델이 1866년에 발표한 유전 법칙 중 분리의 법칙은 이 혼합유전이론을 정면으로 반박하는 이론이었다. 멘델의 유전 법칙은 두 개의 인자가 섞이지 않고 그대로 분리되어 생식세포를 만든다는 것이다. 이같이 섞이지 않는 인자를 부모로부터 각각 받아서 후손의 형질이 결정된다는 이론이다. 멘델의 유전 법칙은 워낙 획기적인 이론이어서 당시 과학자들에게 인정을 받지 못하다가 1900년에 재발견되었다. 이것이 입자유전이론(Particulate Theory of Inheritance)이다.

찰스 다윈이 종 진화론을 발표할 때는 범생설과 혼합유전이론이 지배하던 시대였다. 이 유전 개념을 근거로 다윈은 획득형질이 유전된다는 주장을 한 것이다. 현재 범생설과 혈액유전설은 사실이 아니다. 반면 멘델의 입자유전이론 중 분리의 법칙은 그가 말한 인자를 유전자로 바꿔 주면 오늘날까지 사실로 받아들여진다.

찰스 다윈의 사촌인 프랜시스 골턴(Francis Galton)은 1871년에 '토끼 수혈 실험'을 통해서 다윈의 종 진화론의 근거가 되는 혈액유전설을 정면으로 반박했다. 『종의 기원』 초판이 발간된 지 12년 후의 일이다.

귀가 처진 토끼에서 얻은 혈액을 귀가 쫑긋한 은회색 토끼 암수 한 쌍에 수혈한다. 수혈을 받은 귀가 선 은회색 토끼를 생식하여 얻은 자손 36마리는 모두 귀가 쫑긋한 은회색 토끼로 태어난다. 이 자손들 중 혈액을 제공한 토끼처럼 귀가 처진 토끼는 관찰되지 않았다. 골턴은 다시 검은색 점이 있는 하얀색 토끼(히말라야 토끼) 피를 은회색 토끼에 수혈하고 수혈받은 은회색 토끼를 번식시켰다. 여기서 나온 자손은 히말라야 토끼가 아니고 모두 은회색 토끼였다. 만약 혈액유전설이 사실이라면 전자에서는 귀가 처진 토끼, 후자에서는 히말라야 토끼가 나왔어야 했다.

골턴은 이 실험 결과로 범생설에 의해 토끼의 형질이 유전되지 않는다고 발표했다. 이 소식을 들은 찰스 다윈은 "나는 피를 통해서 제물(씨앗)이 전해진다는 말을 한 적이 없다. 아마도 제물은 피가 아닌 다른 것에 의해서 운반될 것이다"라고 자신의 획득형질의 유전에 의한 종 진화론을 방어했다. 이 방어는 그때 당시에는 타당한 것이었다. 토끼 몸의 각 부분에서 제물을 생식세포로 이동시키는 것이 혈액이 아닌 다른 것일 가능성이 있기 때문이었다. **골턴의 실험 결과로 다윈은 획득형질이 어떻게 다음 세대로 전달되느냐에 대한 구체적인 설명을 내놔야 하는 상황이 된 것이다.**

이후 한 번 더 다윈의 『종의 기원』에서 주장된 '획득형질의 유전'에 치명적인 타격을 가하는 실험 결과가 나왔다. 『종의 기원』 초판 출간 이후 30년이 흐른 1889년 아우구스트 바이스만의 쥐 꼬리 실험이다. 이는 후에 기술할 예정이다(3.1 참고).

2.2 19세기 중반의 물리학, 화학, 그리고 생물학

다윈의 『종의 기원』 초판이 출간된 1859년을 중심으로 19세기 중반의 생물학의 상황을 이해할 필요가 있다. 생물학(Biology)이라는 용어가 처음 사용된 시점은 19세기 초이다. 물리학에서는 17세기에 열역학의 기본적인 개념이 정립되고, 18세기에 고전 역학과 전자기학이 확립되었다. 이후 19세기 중후반에 현대 물리가 나왔으며 20세기 초에는 양자이론이 나왔다.

화학의 발전은 중세 유럽에서 '납을 금으로 만들 수 있다'는 생각에서 시작된 연금술과 밀접한 관련이 있다. 연금술은 오랜 역사를 거쳤고, 고대부터 신비주의와 맞물려 있었다. 실제로 중세 시대 때 납을 금으로 만들려는 시도가 많았다. 이 연금술이 화학 발전에 기여했지만, 아이러니하게도 그 후 화학이 발전하면서 연금술은 불가능하다는 것이 판명되었다.

화학이 독립된 학문으로 정립된 것은 17세기 보일의 법칙이 나오면서부터다. 18세기 후반에는 기체 화학이 발전하여 수소, 질소, 암모니아 가스 등이 발견되었고, 기체에 대한 이론이 성립됐다. 19세기에 들어와 돌턴의 원자론이 나왔고, 아보가드로는 분자의 존재를 알아냈다. 19세기 중엽에 전기 화학이 나왔고, 19세기 후반에는 최초의 주기율표가 만들어졌다.

18세기와 19세기 초 화학자들은 생기론(生氣論, Vitalism)을 믿었다. 이 이론은 '생명체는 무생물과 다르다. 그 이유는 생명체에는 무생물에는 없는 특별한 기(氣)가 있다'는 생각을 토대로 한다. 그들은 생명체에서만 만들어지는 물질을 유기물이라고 칭했다. 생기론에 의거하면 유기물은 생물체 밖에서는 만들 수 없다고 믿었다. 1828년 프리드리히 뵐러(Friedrich Wöhler)가 실험실에서 유기물인 요소를 처음으로 합성했다. 이 실험으로 유기물은 생체에서만 만들어진다는 생기론이 사라졌다. 실험의 중요성이 확인된 사건이다.

19세기 생물학은 자연에서 다양한 생물을 취하여 표본으로 만들어 보존하고 분류하는 박물학이 꽃을 피운 시기이다. 박물학은 생명체의 내면의 기능을 연구하기보다 외부 형태와 그것의 피상적인 기능을 연구하고 다른 생물과 그것들을 비교 분석하는 학문이다. 이것은 고전적인 해부학 또는 고전적인 비교해부학에 해당한다. 생물을 구성하는 기관들의 기능을 현상적으로 연구하는 고전 생리학도 이때 나온 분야이다. 생명체의 근원적 기능을 연구하는 수단이 부족했던 것이 19세기 당시 생물학의 한계였다.

1880년에 에른스트 아베(Ernst Abbe)는 우리가 현재 사용하는 것과 비슷한 현미경을 칼 차이스(Carl Zeiss)와 같이 개발하였다. 이 현미경 덕분에 19세기 말에 모든 생물을 구성하는 기본 단위가 세포라는 '세포 이론(Cell Theory)'이 출현했다.

물리의 원자, 화학의 기체 분자와 같은 물질의 기본 단위가 19세기 중후반에 알려진 것에 비해 생물의 기본 단위(단백질, DNA, mRNA) 등은 그보다 약 100년 늦은 20세기 초중반에 와서야 발견되었다.

생물의 형질과 유전을 결정하는 것이 유전자이고, 그 유전자가 DNA로 구성된다는 사실을 전혀 모른 채 다윈의 종 진화론이 1859년에 발표되었다. 이는 다윈의 종 진화론이 갖는 근본적인 한계가 된다.

2.3 다윈에게는 있으나 현대 진화생물학자에는 없는 실험 정신

찰스 다윈은 1831년 말에 영국 플리머스항을 출발하여 약 5년에 걸친 남아메리카 탐험을 마치고 1836년에 다시 플리머스항으로 돌아왔다. 그는 돌아오자마자 항해 중 수집한 방대한 분량의 표본을 분류하고 지층에 대한 기록물을 정리하는 작업을 했다. 이 작업을 하는 중에 다윈은 자신이 종 진화론을 입증할 수 있다는 자신감을 갖기 시작한다. 나는 항해를 떠나기 전에 이미 다윈이 당시 기독교가 생각했던 것과 달리 생물 종은 변한다는 생각을 가지고 있었으리라고 추측한다. 이 생각을 입증할 증거를 찾으러 탐험을 떠난 것이라고 추측한다. 찰스 다윈의 할아버지 에라스무스 다윈은 찰스 다윈보다 약 100년 전 사람인데, 어설픈 논리이긴 하지만 종 진화를 주장하는 책을 출판한 적이 있었다.

다윈은 1842년에 종 진화론에 대한 설명을 노트 35쪽 분량으로 작성했다. 2년 후에는 여기에 살을 붙여 230쪽 분량이 되었다. 그 후 종 진화론에 대한 저술은 중단된다. 대신 10년 동안 만각류 연구를 했다. 만각류 연구를 마친 1854년부터 그는 다시 진화 이론에 대해 고민을 계속하고 결정적인 증거를 찾으려고 노력한 것으로 보인다.

오리는 나는 오리가 있고 날지 못하는 오리가 있다. 다윈은 나는 오리의 날개 뼈와 날지 못하는 오리의 날개 뼈 무게를 각각 측정했다. 그는 나는 오리의 날개 뼈의 무게가 많이 나간다는 것을 관찰하고, 이것이 종 진화의 증거라고 『종의 기원』에서 기술한다. 날지 못하는 오리는 어떤 이유로 날려는 시도를 하였고, 그 결과 오리 날개 뼈의 무게가 약간 증가되었다는 것이다. 이 획득형질이 여러 세대를 거치면서 누적되어 날지 못하는 오리 종에서 나는 오리 종이 발생되었다고 생각한 것이다.

이는 라마르크가 주장한 용불용설(用不用說, Lamarckism)과 같은 주장이다. 이 설은 '생물에는 환경에 대한 적응력이 있다. 그러므로 환경 변화에 대응하기 위해 자주 사용하는 기관은 발달하고 그렇지 않은 기관은 퇴화한다'는 학설이다. 라마르크의 용불용설은 1900년에 멘델의 유전 법칙이 재발견되고 완전히 폐기된 가설이다.

그 당시 영국에서는 취미로 집 비둘기 사육이 유행했다. 다윈은 집 비둘기를 사육하면서 여러 가지 다른 비둘기 종들을 서로 교배하였다. 이를 통해서 자신의 종 진화 이론에 대해 확신하게 된다. "비둘기의 여러 가지 종 사이에 차이는 크지만, 나는 모두가 들비둘기에서 나온 것이라고 하는 박물학자들의 일반적인 의견이 옳다고 확신한다"라고 그의 책 『종의 기원』 첫 장에서 기술한다.

이 외에도 다윈은 여러 가지 실험을 했다. 그중 하나가 '소금물 씨앗 실험'이다. 겨자와 상추 씨앗을 바닷물과 염도가 같게 만든 소금물에 21일 동안 담근 후 그 씨앗이 발아가 되는지를 확인하는 실험이다. 만약 그 씨앗이 발아된다면 '씨앗이 육지에서 바닷물을 통해 섬으로 이동했을 것이다'라는 자신의 생각을 확인할 수 있는 실험이었다.

그 당시 축산업자들은 우수한 종자를 만들기 위해 다양한 교배를 통한 인공선택을 많이 하던 때였다. 현재도 농축산업에서 이 방법을 이용해서 우수한 품종을 개발한다. 다윈은 그들에게 종자 개량을 위한 교배에서 얻은 지식과 경험을 묻는 설문 조사를 진행했다고 『종의 기원』 책에서 밝히고 있다. 그들의 경험을 종합해서 종이 불변이 아니라는 자신의 종 진화론을 펼치기 위해서였다.

당시 다윈이 자신의 가설을 증명하기 위해 행한 관찰, 실험, 조사는 지금 관점에서 보면 유치하게 보인다. 그러나 19세기 중반에는 다른 방법이 없었다.

여기서 내가 말하고자 하는 것은 다윈이 자신의 이론을 뒷받침하기 위해 종 진화론에 대한 생각이 대략 정립된 1836년부터 책이 출판된 1859년까지 무려 20년이 넘는 기간 동안 가능한 모든 수단을 동원하여 자신의 이론을 치밀하게 검증했다는 점이다. 앞서 기술한 대로 이 기간 중 10여 년은 만각류 연구에 매진하느라 공백기가 있었다. 하지만 나는 이 기간에도 다윈이 종 진화론에 대해 어떠한 증거를 가지고 어떻게 기술할지에 대한 생각으로 가득 차 있었을 것이라고 추측한다.

다윈의 종 진화론이 나온 지 160여 년이 흘렀다. 21세기 관찰 방법, 실험 방법, 조사 방법은 19세기 중반과는 차원이 다르게 발전했다. **그런데 오늘날 종 진화론을 검증한 실험 결과는 없다. 현재 종 진화론을 검증하려고 시도를 하지 않는다. 종 진화론을 어떻게 검증할지 아이디어조차 전혀 없**

는 것이 현실이다.

    그러나 종 진화론자들은 목소리 높여서 종 진화를 외친다. 우리가 종 진화에 대한 질문이나 의문을 제기하면 진화론자들은 "그건 우리 인류의 가장 위대한 과학자 중 한 사람인 찰스 다윈이 일찍이 답을 다 했다"고 말한다. 다윈을 우상화하고 모든 문제에 대한 답을 그에게 가서 찾으라고 항변하는 꼴이다.

2.4 다윈의 『종의 기원』 출간 에피소드

만각류 연구가 1854년에 마무리되었고 『종의 기원』 책은 1859년에 출판
되었다. 5년 동안 추가적인 연구와 증거가 충분히 쌓여서 순조롭게 책을
출판한 것일까?

1858년 6월에 박물학자인 알프레드 러셀 월리스(Alfred Russel Wallace)
가 쓴 편지 하나가 다윈에게 도착한다. 월리스는 그 전에도 다윈과 편지를
주고받는 가까운 친구였다. 그는 인도네시아 동부 말루쿠 제도의 한 섬인
테르나테섬을 탐험하던 중 그 지역 풍토병에 걸렸다. 그는 회복을 위해 요
양하던 중 종의 문제에 대해 심각히 고민하였고, 그 고민에 대한 답을 논문
으로 써서 다윈에게 보냈던 것이다.

그 논문의 제목은 「변종이 원종에서 무한히 멀어져 가는 경향에 대하여
(On the Tendency of Varieties to Depart Indefinitely From the Original
Type)」이다. 그는 다윈에게 이 짧은 논문을 『지질학의 원리』 저자인 찰스
라이엘에게 보여주고 린네학회지에 게재해 줄 것을 부탁한다. 이 논문을
읽은 찰스 다윈은 너무 깜짝 놀란다. 그 논문의 내용이 자신이 20년 넘게
정립한 자연선택에 의한 신종의 탄생 이론과 너무 흡사했기 때문이다.

이 논문을 받아 읽은 라이엘은 월리스의 논문 내용이 다윈의 주장과 매
우 유사하다는 것을 알게 된다. 라이엘은 만약 월리스 논문이 먼저 발표되

면 다윈의 수십 년 노력이 수포로 돌아가는 걸 염려한다. 이런 배려로 라이엘은 다윈의 논문(1844년에 쓴 230쪽 분량의 요약본)과 월리스의 논문을 동시에 영국린네학회에 발표하게 하고 동 학회지에 같이 실리게 한다. 라이엘이 다윈에게 큰 호의를 베푼 것이다.

그 후 다윈은 내심 쫓기고 있었다. 다윈은 린네학회 모임에서 1858년 6월 30일 발표를 하고, 바로 다음 달 초부터 영국 남쪽 해변에 있는 와이트섬에 가서 추가 논문을 쓰기 시작했다. 다윈은 책을 내는 대신 영국린네학회에 연재 논문을 내려고 마음먹었었다. 그런데 라이엘과 후커의 권유를 받아들여 『종의 기원』이라는 제목으로 책을 내기로 한다. 그렇게 1859년 11월 책이 출판되었다. 책은 선풍적인 인기를 끌었다. 그 후 1872년까지 제6판이 출판되었다.

그는 자신의 이론을 뒷받침할 결정적인 증거를 책에 싣기 위해 종 진화에 대한 책 출판을 미루고 있었던 것 같다. 그러나 그는 결국 자신의 이론에 대한 결정적 증거는 찾지 못하고 1859년에 월리스에게 떠밀려 출판할 수밖에 없는 상황에 부딪쳐 책을 출판한 것으로 나는 추측한다.

여기서 우리는 의문을 가질 수밖에 없다. 왜 찰스 다윈은 그렇게 자신의 연구 결과를 종 진화론으로 포장해서 발표하는 것을 미루었을까? 첫째, 그는 기독교계 반대를 두려워했을 것이다. 그가 진화론에 대한 생각을 정리하면서 "중세의 갈릴레오 갈릴레이가 지동설을 주장하다 종교 재판에 회부되어 죽을 때까지 가택 연금을 당했던 것을 기억했다"라고 쓴 기록이 남아 있다.

둘째 이유는 찰스 다윈이 어떤 사실을 매우 조심스럽게 주장을 하는 사람이었다는 것이다. 그는 성급하게 그 이론을 발표하기보다는 더 확실한 증거를 찾은 후에 종 진화론을 발표하기를 바랐던 것이 분명하다. 위에서 말한 그가 한 여러 가지 조사, 실험 등이 이것을 말해 준다.

그가 얼마나 신중하게 그의 주장을 펼쳤는가를 알 수 있는 단서가 있다. 『종의 기원』 책을 통틀어 삽화가 하나 나온다. 그 삽화는 하나의 종이 1,000세대를 지나 변이가 생기고, 이 1,000세대 변이 과정을 10번 반복해서 거치면 비로소 신종이 나온다는 것을 표현한 그림이다. 이때 변이에서 변이로 넘어가는 과정을 선으로 연결하였다. 하지만 1,000세대를 10번 거쳐서 나온 신종과 바로 전 변이는 선으로 연결하지 않고 둘 사이에 공백을 둔다. 그는 10,000세대가 지났음에도 불구하고 기존 변이에서 새로운 종이 나오는 것을 선으로 연결하지 않았다. 종 진화를 조심스럽게 표시한 것이다. 요즘 진화생물학자들이 종 진화를 설명하면서 이미 증명된 사실인 양 종과 종 또는 속과 속 사이를 선으로 표시하는 것과는 많이 대조된다.

『종의 기원』을 읽어 보면 다윈은 종의 진화에 대하여 단정적으로 기술하지 않았다. "아직은 화석 기록이 나의 이론을 뒷받침하지 못한다. 그러나 시간이 지나면 단계적이고 연속적인 형태의 화석(Graded Succession of Forms)이 발견될 것이고 이것이 나의 이론을 증명할 것이다"라고 소극적으로 기술한다. 후세 사람들이 성경적인 창조론에 반기를 드는 시대 상황에 맞물려서 종이 불변이 아니라는 다윈의 종 진화 이론을 단정적으로 받아들이고 그것을 광범위하게 남용하여 인용한다. 이런 점이 책이 발간되고 160년이 흐르는 동안 종 진화를 입증하는 후속 증거가 전혀 없는데도 불구하고 여전히 종 진화론이 논쟁거리가 되는 배경이라고 생각한다.

위 사실로 미루어 볼 때 만약 찰스 다윈이 우리가 갖는 현대 생물학의 지식을 가지고 있었다면 종 진화론을 주장할 수 있었을까? 나는 회의적이다.

다윈이 그 당시 믿었던 것처럼 종 진화는 환경 변화에 적응하기 위한 획득형질의 유전에 의해서 되는 것이 아니다. '유전자가 형질을 결정하고 유전자는 DNA 염기서열이 모여서 형성된다. DNA는 염색체라는 구조를 이루고 있고, 그 수가 종마다 일정하게 정해져 있다. '박테리아와 사람의 게놈 크기는 약 1,000배 가까이 차이가 난다'는 사실을 그가 알고 있었다면 종 진화론을 주장하지 못했을 것이라고 나는 생각한다.

종 진화론 검증

3.1 '획득형질은 유전되지 않는다'는 사실을 증명한 쥐 꼬리 실험

다윈이 주장한 종 진화론의 핵심은 ① **획득형질의 유전,** ② **자연선택,** ③ **점진적 종 진화** 세 가지이다. 이 세 가지 핵심이 종 진화론을 기둥으로 떠받치고 있다. 이 기둥들이 유기적으로 작용해서 구종에서 신종으로 종 진화가 된다는 것이다.

기린을 예로 들어 설명해 보겠다. 오늘날 우리가 알고 있는 기린을 종 진화된 신종으로 보자. 기린이 발생되기 전 구종이 있었을 것이다. 이 구종을 가상의 종 '가린'으로 명명해 보자. 종 가린은 왕성한 번식을 하면서 행복하게 살고 있다. 왕성한 번식으로 개체 수가 늘어났기에 먹이가 부족하다. 가린끼리 먹이를 취하는 데 경쟁이 심해진다. 가린 종 중에 삶에 의욕이 큰 몇 마리가 먹이를 취하는 경쟁에서 우위를 차지하기 위해 목을 길게 늘이는 동작을 많이 한다. 이 결과 목뼈가 늘어나고 동시에 목 근육이 발달한다. 그렇게 목 길이가 부모의 목보다 10cm 길어졌다고 하자. 이것이 획득형질이다.

목이 10cm 길어진 가린이 자손을 낳는다. 이 자손은 부모 가린과 같이 목이 10cm 길어진 가린이다. 부모의 긴 목이 ① **획득형질로서 자손에게 유전**된 것이다. 이 목이 길어진 자손들은 다시 먹이가 부족한 문제에 봉착하고, 목을 쓰는 노력을 부단히 해서 다시 부모보다 10cm 목이 더 길어진다. 이 과정에서 목이 상대적으로 짧은 가린들은 ② **자연선택에 의해 소멸**된다. 목 길이가 상대적으로 짧은 가린들은 먹이가 부족한 자연에서 생존 경쟁에 패배했기 때문이다. 적자생존 법칙이 적용된 것이다. 생존을 못 하면 생식을 못 한다. 상대적으로 목이 긴 가린만 선택되어 남는다. 마지막으로 ①, ② 과정이 ③ **오랜 기간 동안 점진적으로** 이루어져서 오늘날 우리가 보는 '기린'이라는 새로운 종이 만들어진다는 것이 다윈의 종 진화론이다.

다윈이 살던 당시에는 획득형질이 유전된다는 사회적인 통념이 있었다. 이 통념이 생기게 된 대표적인 사례가 유대인의 남성 신생아 성기의 표피 생김새이다. 유대인은 아들이 태어나면 율법에 따라 할례를 행한다. 그 당시 사람들은 남성 유대인 신생아가 성기 표피 끝부분이 없는 상태로 태어나는 경우를 많이 목격했다. 이는 아빠의 성기 표피 끝부분이 잘린 모양 (획득형질)이 아들에게 전달된 것으로 생각했다. 사람들이 보고 들은 일화 몇 가지를 토대로 그것을 사실로 믿었던 것이다. 이런 증거를 사례 증거(Anecdotal Evidence)라고 한다. 이것은 과학적인 통계 처리로 확립된 사실이 아니다. 하지만 19세기 사람들은 이런 이유로 획득형질이 유전된다는 것을 사실로 믿게 되었다.

과학은 획득형질이 유전된다는 사회적 통념이 사실인지 아닌지를 밝히는 것이다. 마침내 획득형질은 유전되지 않는다는 것이 아우구스트 바이스만의 '쥐 꼬리 실험'에 의해 증명되었다. 다윈의 종 진화론이 발표된 지 30년이 흐른 1889년의 일이다.

바이스만은 꼬리를 자른 집쥐 68마리를 5세대 동안 교배하여 나온 자손을 관찰하였다. 만약 부모의 인공적인 획득형질(잘린 꼬리)이 자손에게 유전이 된다면 자손의 일부 또는 전부 꼬리가 없는 쥐가 나올 것이다. 그러나 자손 모두 정상적인 꼬리를 갖고 태어났다. **획득형질이 유전되지 않는다는 사실을 실험적으로 증명한 것이다.**

이 실험은 모방실험이자 과장실험이다. 인위적으로 꼬리를 자른 것은 자연에서 얻어지는 획득형질을 인위적으로 모방한 것이고, 형질 중 꼬리를 자른 것은 처리하는 효과를 과장해서 나온 결과를 눈으로 쉽게 확인하기 위한 것이다. 이런 실험 방법은 과학적 사실을 규명하는 데 많이 유용하다. 누구나 할 수 있어서 재현이 쉬운 실험, 결과를 육안으로 쉽게 관찰하여 얻을 수 있는 것, 나온 결과에 대해 왈가왈부할 수 없는 실험 설계 및 논리. 이 세 가지 요소는 좋은 실험이 되는 필요충분 조건이다.

바이스만은 이 실험을 근거로 그의 책『생식질: 유전에 대한 이론(The Germ Plasm: a theory of inheritance)』에서 '생식질 이론'을 주장했다. 이 이론은 개체의 체세포가 갖는 형질의 정보가 생식세포로 움직일 수 없다는 내용을 담고 있다. 체세포와 생식세포 사이에 바이스만 장벽(Weismann Barrier)이 있어서 형질이 이동이 안 된다는 주장이다. 체세포가 얻은 획득형질(가린의 긴 목)이 생식세포로 이동할 수 없다는 이론이다.

이는『종의 기원』이 쓰일 당시 다윈이 근거로 들었던 범생설과 혈액유전설 그리고 라마르크의 용불용설을 정면으로 부정하는 실험 결과이다. 생식질 이론은 현대 생물학에 비추어 봐도 맞는 이론이다.

바이스만의 실험으로 다윈의 종 진화론에 사형선고가 내려진 것이다. 획득형질이 유전되지 않는다면 자연선택이 작용할 대상이 없어지는 것이고, 자연선택이 없으면 오랜 시간이 지나도 새로운 종은 나올 수 없기 때문이다.

3.2 단속평형이론, 도약진화이론, 그리고 바람직한 괴물 가설은 점진적 종 진화를 부정한다

앞서 다윈이 주장한 종 진화론의 핵심은 ① **획득형질의 유전**, ② **자연선택**, ③ **점진적 종 진화** 세 가지이고, 이 세 가지 기둥 중 획득형질은 유전이 되지 않는다는 것이 바이스만 실험으로 증명되었다고 말했다.

종 진화가 몇백 년, 몇천 년, 몇백만 년 동안 점진적으로 일어나느냐 아니면 며칠, 몇 달, 몇 년 동안 갑자기 도약적으로 일어나느냐는 질문은 매우 중요하다. 만약 후자라면 우리는 생활 중에 종 진화(신종분화)를 관찰할 수 있고, 동시에 실험실 모방실험에서 종 진화(신종분화) 과정을 재현할 수 있기 때문이다. 만약 전자라면 우리는 종 진화(신종분화)를 관찰하기도 어렵고 실험으로 증명하기가 매우 까다로울 것이다.

다윈의 원래 주장은 '점진적으로 오랜 시간을 거쳐 종 진화(신종분화)가 된다'였다. 다윈이 그 시간을 확정적으로 말한 것은 아니지만, 그의 책에 나오는 유일한 삽화에는 10,000세대 후에 새로운 종이 나오는 것으로 되어 있다. 그러나 다윈의 종 진화론 이후 발견된 수많은 화석은 점진적인 종의 진화를 뒷받침하고 있지 않다.

단속평형이론(斷續平衡理論, Punctuated Equilibrium Theory)은 20세기 후반 가장 영향력 있는 진화생물학자인 하버드 대학의 스티븐 제이 굴드(Stephen Jay Gould)가 나일스 엘드리지(Niles Eldredge)와 같이 1972년 발표한 논문 「단속평형: 계통발생적 점진주의에 대한 하나의 대안(Punctu-ated Equilibria: an alternative to phyletic gradualism)」에서 주장한 것이다. 유성 생식을 하는 생물 종의 진화 양상은 대부분의 기간 동안 큰 변화 없는 안정기와 **비교적 짧은 시간 동안 급속한 종 분화**가 이루어지는 분화기로 나뉜다는 진화 이론이다. 이 이론은 그동안 그들이 그렇게 간절히 찾기를 바랐던 중간 종의 화석이 전혀 발견되지 않아 불가피하게 나온 이론이다. **다윈의 종 진화론의 세 개의 기둥 중 세 번째 기둥인 점진적으로 종 진화(신종분화)가 된다는 것이 무너진 것이다.**

도약진화이론(Saltatory Evolution Theory)도 단속평형이론과 마찬가지로 새로운 종은 점진적으로 오랜 시간 동안에 발생하는 것이 아니고 갑자기 도약적(跳躍的)으로 발생한다는 주장이다. 이 이론은 '한 단계 신종분화(One Step Speciation)'를 통해서 종 진화가 일어난다는 것이고 다른 말로 표현하면 부모에서 자손이 태어날 때 바로 신종분화(종 진화)가 일어난다는 것이다.

1940년에 리처드 골드슈미트(Richard Goldschmidt)는 '바람직한 괴물 가설(Hopeful Monster Hypothesis)'을 주장했다. 이 가설도 단속평형이론/도약진화이론과 맥을 같이하는 가설이다. 이 가설은 새로운 종이 매우 큰 돌연변이(발생학적으로 조직적이고 동시에 체계적인 복합돌연변이, Developmentally Organized and Systemic Macromutation)가 한 번(One Step)에 일어남으로써 단번에 만들어진다는 가설이다. 그는 복합돌연변이를 '바람직한 괴물'이라고 표현했다. 이 가설은 1940년에 발표되었지만 그 당시 진화생물학자로부터 조롱을 받았다.

그런데 반전이 일어난다. 1984년에 스티븐 제이 굴드가 「바람직한 괴물의 귀환(The Return of Hopeful Monsters)」이라는 에세이를 내면서 바람직한 괴물 가설을 다시 부활시킨다.

네이처지 생물학 수석 편집자인 탠가이 초어드(Tanguy Chouard)는 2010년에 「진화: 바람직한 괴물의 앙갚음(Evolution: Revenge of Hopeful Monster)」이라는 제목의 기사를 네이처에 실었다. 그는 이 기사에서 골드슈미트가 1940년에 바람직한 괴물 이론을 발표할 당시에는 진화생물학자들로부터 조롱과 비난을 받았는데, 이제는 바람직한 괴물이 그 조롱에 대해서 앙갚음을 했다고 썼다.

초어드 박사가 위 기사를 쓰면서 언급한 논문 중 하나는 스탠퍼드 대학에 있는 데이비드 킹슬리(David M. Kingsley) 박사가 2004년에 발표한 논문이다. 그 논문은 등에 가시가 세 개 있는 '큰 가시고기'에 하나의 유전자 발현을 조절했더니 배지느러미가 없어진 개체가 발생했다는 내용을 담고 있다. 어류의 발생 초기와 관련된 유전자 하나의 돌연변이가 결국 복합돌연변이를 유발시켜 형태가 많이 다른 바람직한 괴물이 나올 수 있는 가능성을 실험으로 확인했다고 주장한다.

사실 이 어류도 발생 초기 유전자 돌연변이로 촉발된 형태가 많이 변한 기형적인 돌연변이체에 불과하다. 신종은 아니다.

이러한 이론과 가설들로 인해 다윈의 종 진화 이론을 구성하는 세 번째 기둥인 '점진적 종 진화'도 무너진 것이다.

　종 진화론자들은 과거 160년 동안 종 진화(신종분화)를 실험실에서 재현하지 못한 이유가 종 진화는 점진적으로 오랜 시간 동안 일어났기 때문이라고 변명을 했다. 그런데 현재 종 진화론자들은 점진적 종 진화 이론을 포기하고 단속평형적, 도약적 종 진화 그리고 바람직한 괴물 가설이 맞다고 주장한다. 그렇다면 종 진화론자들은 이제는 실험실에서 종 진화(신종분화)를 재현할 수 있어야 한다. 또한 우리가 자연에서 종 진화(신종분화)가 일어나는 것을 관찰할 수 있어야 한다. 그러나 아직까지 재현도 관찰도 못하고 있다.

3.3 자연선택을 모방한 인공선택으로 종 진화(신종분화) 증거를 제시해야 한다

다윈의 종 진화론의 세 개의 기둥 중 획득형질의 유전, 점진적 종 진화 기둥은 아우구스트 바이스만의 생식질 이론과 단속평형이론/도약진화이론과 바람직한 괴물 가설에 의해 각각 무너졌다. 나머지 하나 남은 자연선택 기둥은 어떠한가?

자연에서 자연선택이라는 메커니즘으로 종 진화(신종분화)가 일어나는 것을 관찰하지 못할 수도 있다. 그 이유는 자연이라는 생태 시스템이 너무 복잡하고, 우리가 조절할 수 없는 변수들이 많기 때문이다. 그러면 우리는 대신 자연선택을 모방한 모방실험을 실험실 환경에서 수행하여 인공선택을 통해서 종 진화(신종분화) 실험을 할 수 있어야 한다.

자연선택을 모방한 인공선택으로 환경에 적응을 잘하는 변이가 선택되는 것은 실험과 관찰로 증명되었다(3.26 참고). 문제는 선택된 변이가 신종이 아니라는 것이다. 결국 자연선택으로 인한 종 진화(신종분화)도 없다고 결론 내릴 수밖에 없다.

현재 우리는 자연에서 종 진화(신종분화)를 관찰할 수 없고, 인공선택을 통해서 실험실에서 종 진화(신종분화) 증거를 제시하지도 못하고 있다. **다윈의 종 진화론을 구성하는 세 개의 기둥이 다 무너졌다.** 진화생물학자도

이것을 인정한다. 이런 이유로 진화생물학자들은 다음에 나오는 현대합성
이론을 종 진화(신종분화)를 설명하는 새로운 이론으로 제시한다.

3.4 신다윈주의 이론과 현대합성이론 출현

다윈이 종 진화론을 발표한 후 30년이 흐른 1889년에 획득형질은 유전이 되지 않는다는 사실이 바이스만 실험에 의해서 확실히 증명되었다. 이 실험 이후 약 10년이 지난 1900년에 세포 내에 염색체가 존재하고 이것이 형질의 유전을 결정한다는 실험 결과가 얻어졌다. 이른바 염색체 유전이론(Chromosome Theory of Inheritance)이다. 이때가 34년 전 멘델이 발표한 유전인자가 분리 유전이 된다는 유전 법칙이 재발견된 시점이다.

염색체를 통해서 유전이 된다는 유전학적 사실과 다윈이 주장한 자연선택이라는 개념을 섞어서 나온 이론이 신다윈주의(Neo-Darwinism) 이론이다. 다윈이 주장한 핵심 개념인 획득형질의 유전이라는 기둥이 무너진 상태에서 다윈의 이름을 사용하여 새 이론의 이름을 정한다는 것은 무리가 있어 보인다.

신다윈주의라는 이름으로 다시 포장된 다윈의 종 진화론은 그 후 40년을 버텨온다. 1940년대에는 유전물질이 DNA라는 사실이 규명된다. 또한 집단 유전학이 종 진화론에 영향을 끼친다. 이런 영향을 받아서 줄리안 헉슬리(Julian Huxley)는 1942년에 '현대합성'(Modern Synthesis)'이라는 새로운 이름의 종 진화 이론을 그의 책『진화: 현대합성(Evolution: The Modern Synthesis)』에서 주장한다. 이 이론은 '현대진화합성이론' 또는 '합성이론'으로 진화생물학자 사이에 통용되기도 한다. 왜 '진화'라는 단어가 빠진

명칭을 종 진화 이론으로 사용하는지 이해가 잘 안 된다. 마침내 종 진화 이론 이름에서 다윈이라는 말이 사라졌다. 하지만 '현대'라는 단어가 이론 명칭에 들어간 것은 어색하다. 1940년대에도 현대, 2020년에도 현대, 2220년에도 '현대'합성이론이 되기 때문이다.

이 이론은 종 진화(신종분화)가 집단에서 일어나는 것으로 접근한다. 집단에는 유전자 풀(Gene Pool)이라는 개념이 있다. 남한에 사는 사람이 5천만 명이라고 가정하면 남한 집단에는 어떤 유전자가 대립유전자로서 1억 개 있다. 각 사람이 어떤 특정한 유전자를 대립유전자로 두 개씩 갖기 때문이다. 즉 이 1억 개 대립유전자가 남한 사람 집단의 유전자 풀이다. 유전자 풀이 돌연변이, 유전적 부동(Genetic Drift), 성 선택(Sexual Selection) 등으로 변하여 새로운 유전자 풀을 갖는 새로운 집단이 합성될 수 있다. 이 새로운 집단이 만들어지는 것을 통해서 종 진화(신종분화)가 일어난다는 것이 '현대합성이론'이다.

예를 들면 남한 사람으로 구성된 집단에 머리카락 색을 결정하는 유전자 풀은 현재 일정하게 평형을 유지하고 있다. 대부분 검은색 머리카락을 나타내는 대립유전자로 구성되어 있을 것이다. 그런데 금발 머리카락을 만드는 대립유전자를 갖는 북유럽 사람 천 명이 남한으로 이주해 살기 시작했다고 가정해 보자. 금발을 가진 사람이 결혼 상대자로 다른 성의 사람에 의해서 선택받을 확률이 높다고 가정하면 이민 온 금발의 사람들이 '성 선택'에서 유리하게 작용된다. 이렇게 20세대(약 600년)가 흐르면 남한이라는 집단의 머리카락 유전자 풀에 금발의 대립유전자가 많이 포함될 것이다. 이렇게 새로운 유전자 풀이 합성된다는 것이 현대합성이론이다. 그런데 아무리 유전자 풀이 바뀌어도 사람은 여전히 사람이다. 이 이론으로 종 진화(신종분화)는 절대 설명되지 않는다.

앞서 말한 대로 다윈의 종 진화론을 구성하는 세 개의 기둥은 무너지고 종 진화론이라는 집은 철거되었다. 종 진화(신종분화)가 사실이라면 이 무너진 집터에 새로운 집(종 진화를 설명하는 새로운 이론)을 세우는 것이 마땅하다. 하지만 진화생물학자들은 새 집을 짓는 대신 그 폐허가 된 집터 위에 소파(현대합성이론) 하나 갖다 놓고 그들만의 담소를 나누는 모습이다.

현대합성이론은 1940년대부터 2021년까지 계속 유지되고 있다. 이 현대합성이론은 현재 종 진화(신종분화)를 설명하는 유력한 이론이다. 정말 어처구니가 없다는 생각을 떨치기 어렵다.

3.5 '3세대 신종분화설(Speciation Within Three Generations Hypothesis)'

   종 진화 과정을 쉽게 이해하기 위해서 현생 인류에서부터 종 진화될 가상의 종을 생각해 보자. 만약 현생 인류 '사람'이 종 진화되어 가상의 신종 동물 '오람'이 된다면 그 단계별 과정은 어떻게 될까? 사람은 동물이고 종 진화론에 의하면 사람 동물이 진화의 종착역은 아닐 것이다. 다른 동물을 예로 드는 것보다 사람 종을 예로 들면, 사람에서 오람이 되는 사고실험을 더 잘 이해할 수 있을 것이다.

   앞서 언급한 것처럼 같은 종에 속한 개체는 암수 사이에 다 생식이 가능하다. 반면 서로 다른 종에 속한 개체끼리는 생식이 불가능하다. 신종 오람이 발생하기 위해서는 **'종 간 장벽(Species Barrier)'**을 넘어야 한다. 종 간 장벽은 그 안에 6개의 관문이 있다. 아래 기술된 6개 관문을 순서대로 다 통과해야 **'생식분리(Reproductive Isolation)'**를 성취하는 것이다(그림 3 참고).

   ① 첫 번째 관문은 신종 오람이 될 수 있는 복합돌연변이체의 출현이다. 어떤 사람 동물 부부로부터 태어난 아이가 오람(복합돌연변이체)이어야 한다. 이 복합돌연변이체는 오람이 되기 위한 신종분화 선발개체(Speciation Starter)이다. 오람은 어떻게 만들어지고 태어날까? 오람이 만들어질 수 있는 두 가지 시나리오가 있다. 하나는 부부의 생식기관이다. 이곳에서

난자나 정자가 각각 만들어질 때 오람이 될 수 있는 복합돌연변이가 생식세포에 발생해야 한다. 난자나 정자 둘 중 하나에서 복합돌연변이가 발생해도 되고, 두 생식세포에서 동시에 복합돌연변이가 발생해도 된다. 다른 하나는 사람 여성의 자궁이다. 이곳에서 정상적인 사람 정자와 정상적인 사람 난자가 수정한 수정란이 착상되고, 이후 발생 과정 중 어떤 요인으로 복합돌연변이체 태아가 발생하는 경우이다. 여기에서 중요한 것은 반드시 바로 다음 세대에 한 단계(One Step)로 복합돌연변이체(오람)이 나오는 것이다.

사람 동물의 생식기관과 자궁에서 돌연변이가 발생한다는 것은 생식세포와 발생 중인 태아 DNA 염기서열의 변화를 뜻한다. 자연적으로 발생할 수도 있고 외부 환경(방사선, X선, 돌연변이 유도 화합물)에 의해 돌연변이가 도입될 수도 있다. 점 돌연변이, 결실 돌연변이, 첨가 돌연변이 같은 단순한 돌연변이가 아니다. 복합돌연변이는 돌연변이가 많이 일어난다는 것이 아니다. 발생학적으로 조직적이고 동시에 체계적인 복합돌연변이체가 유도되어야 한다. 내가 말은 이렇게 하지만 그 돌연변이가 구체적으로 어떤 돌연변이인지 생각하는 것은 불가능하다. 3.5차원의 사고를 갖는 우리가 7차원을 생각할 수 없는 것과 같은 이치이다. 리처드 골드슈미트가 1940년에 재치 있게 표현한 '바람직한 괴물'이 나와야 한다.

여성 사람 자궁에서 복합돌연변이체(오람)가 태아 발달을 성공적으로 하고 건강한 오람이 태어나면 종 간 장벽의 첫 번째 관문을 통과한 것이다. 통과가 거의 불가능한 첫 번째 관문을 통과했다고 가정하자. 그러면 두 번째 관문이 기다리고 있다.

② 두 번째 관문은 첫 번째 태어난 오람과 같은 종이 될 수 있는, 성(性)이 다른 오람이 다른 사람 부부로부터 태어나야 한다. 첫 번째 관문에서 태어난 신종분화 선발개체와 같은 종이면서 다른 성을 가진 개체가 독립적으로 태어나야 한다. 거의 불가능한 일이 한 번 더 일어나야 한다.

③ 세 번째 관문은 짝짓기 관문이다. 위 ①과 ②에서 태어난 남녀 오람이 서로 만나야 한다. 만약 어렵게 태어난 남성 오람이 여성 사람과 짝짓기를 하고 자녀를 얻는다면 남성 오람은 오람 종으로 종 진화(신종분화)에 실패한 것이다. 태어난 여성 오람도 남성 사람과 생식을 한다면 그 여성 오람은 사람 종에 편입된다. 생식을 같이 하는 남과 여 동물은 같은 종이기 때문이다. 그러므로 남성 오람은 반드시 여성 오람과 짝짓기를 해야 오람 신종으로 종 진화(신종분화)가 되는 것이다. 오람끼리 생식하고 오람이 사람과 생식을 못 하는 것을 일컬어 오람이 생식분리를 이루었다고 표현한다.

①관문과 ②관문에서 각각 태어난 남성 오람과 여성 오람이 어떻게 만날 수 있을까? 남성 오람이 여성 오람을 만나기 위해서는 장소와 시간의 제약을 극복해야 한다. 장소는 어느 정도 넓이에 같이 있어야 만날 수 있다. 남성 오람은 아프리카에서 여성 오람은 중국에서 각각 태어났다면 만날 가능성이 희박하다. 시간은 남성 오람의 생식 수명인 50년(15~65세) 이내에 여성 오람을 만나야 한다. 여기에 여성 오람의 생식 수명도 고려해야 한다.

시간과 공간의 문제가 해결되었다고 짝짓기로 이어지는 것은 아니다. 상대 성을 유인하는 신호 교환에 주파수가 맞아야 한다. 젊은 남성 사람과 젊은 여성 사람이 만나서 사랑에 빠지는 것을 생각하면 이해하기 쉽다. 사람 종과 침팬지 종은 짝짓기를 위해 상대 성을 유인하는 언어와 행위 그리고 페로몬이 서로 다르다. 이처럼 남성 오람과 여성 오람은 상대 성에 호소하는 행동이 사람의 그것과 다르면서 그들 간에는 서로 통해야 한다.

오람이 탄생할 때 발생학적으로 조직적이고 체계적인 복합돌연변이가 일어나야 한다고 말한 것은 이런 미세한 부분까지 다 포함한 복합돌연변이라는 것을 뜻한다. 남성 오람, 여성 오람이 각각 만들어졌다고 해도 짝짓기를 성공하기는 매우 어려운 일이다. 이 사건도 거의 불가능한 사건이다.

④ **네 번째 관문은 교합 관문이다.** 교합은 그 안에 물리적인 것과 정신적인 것이 있다. 사람으로 예를 들면 연애 기간이 끝나고(짝짓기 관문 통과) 결혼해서 신혼 첫날밤을 상상해 보면 쉽게 이해할 수 있다. 남성 오람과 여성 오람이 성관계를 해야 한다. 이때 하드웨어가 맞아야 한다. 이것이 물리적인 교합이다. 맞지 않으면 어떤 일이 벌어질지 우리는 쉽게 상상할 수 있다.

참고로 수컷 침팬지의 음경에는 남자 사람과 달리 작은 뼈가 있다. 그리고 교미를 7초 만에 끝낸다. 진화생물학자들은 원숭이류 동물에서 사람으로 진화하면서 음경의 뼈가 소멸되었다고 주장한다. 하지만 그건 소설이다. 돌연변이는 무작위로 발생한다. 어떤 방향성을 갖고 오람 남녀의 성기가 발생한 것이 아니고 무작위로 발생한 것이기에 물리적인 교합 관문을 통과하는 것은 결코 쉬운 일이 아니다.

남성 오람과 여성 오람이 성관계를 할 때 기계적으로 성기가 맞다고 해서 이 관문을 넘었다고 말할 수 있을까? 물리적인 교합을 통한 정신적 보상을 경험할 수 있어야 교합 관문을 온전히 넘을 수 있다. 사람은 성적 절정이라는 보상이 있기 때문에 교합을 하는 면이 없지 않다. 다른 동물들에게도 이런 보상은 반드시 있기 마련이다. 정신적 보상을 포함한 동물적 본능에 이끌려서 교합을 해야만 하는 것도 복합돌연변이체가 반드시 가지고 태어나야 하는 형질 중 하나이다.

교합 시 보상이나 본능적인 힘이 없으면 그 종은 바로 또는 서서히 소멸될 수밖에 없다. 보상과 본능의 힘이 없는데 자발적으로 교합을 하기는 어렵다. 이 소프트웨어는 남성 오람과 여성 오람의 뇌에서 그것을 받을 수 있도록 뇌세포에 회로가 형성되어 있어야 한다. 그러므로 남성 오람과 여성 오람의 성기라는 하드웨어와 정신적 보상을 경험하게 하는 뇌의 소프트웨어가 동시에 한 치의 오차도 없이 조직적으로, 체계적으로, 그리고 복합적으로 변화해야 이 관문을 완전히 통과했다고 볼 수 있다. 이 관문 역시 통과하기 거의 불가능한 관문이다.

⑤ **다섯 번째 관문은 수정 관문이다.** 양성 생식을 하는 동물은 각각의 생식기관에서 정자와 난자를 생성한다. 남성의 정자와 여성의 난자가 만나 수정이 되면 이를 수정란이라고 한다. 이 수정 과정은 분자생물학적으로,

세포생물학적으로 매우 까다로운 과정이다. 남성과 여성의 생식세포는 종에 따라 매우 배타적이다. 높은 수준의 종 특이성을 나타낸다. 이 현상은 모든 종에서 일반적으로 관찰되는 현상이다.

개와 코요테는 분류학적으로 매우 가까운 동물이지만 개에서 나온 정자가 코요테 난자하고 수정되지는 않는다. 이런 이유로 개와 코요테가 다른 종이 되는 것이다. 침팬지 정자와 사람 난자가 수정하는 것은 상상할 수 없다. 생쥐(Mouse)의 정자와 집쥐(Rat)의 난자는 수정되지 않는다. 그러나 예외는 있다. 노새와 라이거는 수정이 인공적으로 이뤄진 것(자연적으로 짝짓기 장벽을 통과하지는 못함)으로 종 특이적 수정을 우회한 경우이다. 노새는 당나귀의 정자와 말의 난자를 인공수정해서 만든다. 반대로 당나귀의 난자와 말의 정자는 수정이 잘 안 된다. 과연 남성 오람의 정자와 여성 오람의 난자가 이 생물학적인 수정이라는 장벽을 넘을 수 있을까? 이것도 넘기 거의 불가능한 관문이다. 왜냐하면, 남녀 오람의 생식세포는 각각 수정 관문을 통과하기 위한 목적으로 만들어지는 것이 아니고 무작위로 발생하기 때문이다.

⑥ **여섯 번째 관문은 발생 관문이다.** 성공적인 수정 후 여성의 자궁에 착상하여 발생을 시작하고 정해진 임신 기간 동안 발생을 마무리해야 한다. 발생 기간도 종에 따라 정해져 있다. 그러므로 사람의 정자와 난자가 인공수정된 수정란을 같은 종인 여성 사람의 자궁에 착상시켜 대리모 역할을 하게 한다. 이 관문을 통과하기도 거의 불가능하다.

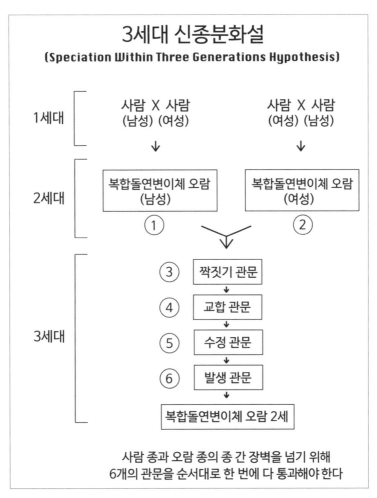

그림 3. 사람 종과 오람 종의 종 간 장벽(Species Barrier)를 넘기 위해 6개의 관문을 순서대로 한 번에 다 통과해야 한다. 예를 들어 ①, ②, ③ 관문을 통과하고 ④ 관문을 통과하지 못하면 1 관문부터 다시 시작해야 한다.

이처럼 여섯 관문들은 각각 넘기가 거의 불가능하다고 말했다. 거의 불가능한 관문 6개를 순서대로 단번에 다 넘어야 오람이라는 신종이 탄생한다. 사람 종과 오람 종의 종 간 장벽들을 넘고 생식분리를 이룬 오람 종이 비로소 탄생하는 것이다.

①, ② 관문을 통과하고 ③을 통과하지 못하면 ①부터 다시 시작해야 한다. ①, ②, ③, ④를 어렵게 통과하고 ⑤를 통과하지 못하면 다시 ①부터 시작해야 한다.

결국 구종에서 신종으로 종 진화(신종분화)가 되려면 3세대의 시간이 필요하다. 구종 1세대, 신종 2세대의 기간이다. 사람의 한 세대가 30년이고 오람의 한 세대도 약 30년이라고 가정하면 사람에서 오람 신종이 생식분리를 해서 나오는 데는 약 100년이 걸린다. 몇십만 년이 아니다.

'3세대 신종분화설'은 내가 최초로 주장하는 가설이다. 1940년에 나온 골드슈미트의 '바람직한 괴물 가설'과 맥을 같이하는 가설이다. 나의 가설은 그의 가설에서 생식과 발생을 연관시켜 더 구체적으로 정립한 것이다. 나의 가설은 이것이 일어난다는 것이 아니고 이렇기 때문에 종 진화(신종분화)가 불가능하다는 역설적인 가설이고 냉소적인 것이다. 80년 전 골드슈미트의 '바람직한 괴물 가설'도 그 당시 비웃음을 받았는데 최근에 인정을 받고 있다.

골드슈미트의 가설이 최근에 인정받는 것도 역시 '그것이 일어난다'는 것보다는 '그렇기 때문에 종 진화(신종분화)가 일어날 수 없다'에 무게중심이 있다. 왜냐하면 바람직한 괴물은 탄생할 수 없는 생물이기 때문이다. 우리는 동물 태아가 발생 중 잘못되어 형태가 아주 망가진 기형이 태어난 것을 자주 본다. 이것은 괴물이고 신종이 절대로 될 수 없다. 신종이 되기 위한 '바람직한 괴물'은 말이 안 된다. '뜨거운 아이스 아메리카노'처럼 형용 모순이다.

나의 가설도 지금은 받아들여지지 않을 가능성이 높다. 그러나 언젠가는 심각하게 받아들여질 것으로 기대한다. 그래서 종 진화는 불가능한 사건이라는 것에 합의(Consensus)가 생기길 바란다.

나의 3세대 신종분화설은 두 가지 면에서 종 진화론을 반박한다. 하나는 3세대 신종분화가 되기 위해서는 통과하기 매우 어려운 관문 6개를 차례대로 3세대 안에 통과하여야 하는데, 이것이 불가능에 가까우므로 종 진화(신종분화)는 사실이 아니라는 것이다.

다른 하나는 만약 3세대 신종분화설대로 종 진화가 일어난다면 우리 주위에서 그 사건을 관찰할 수 있어야 한다는 것이다. 또한 실험실에서 신종분화(종 진화) 사건을 재현할 수 있어야 한다. 현재 그 사건을 자연에서 관찰하지도, 실험실에서 재현하지도 못하므로 종 진화(신종분화)는 소설이라고 나는 주장하는 것이다.

위 6개의 관문 중 ①, ②, ⑥ 관문은 발생생물학 분야이고 ③, ④, ⑤ 관문은 생식생물학 분야이다. 20세기 중반부터 도입된 분자생물학과 세포생물학의 실험과 분석 방법으로 현재 발생생물학과 생식생물학은 놀랍게 발전하였다. 진화생물학자들은 자신의 종 진화(신종발생) 주장을 현대 발생생물학과 현대 생식생물학의 지식에 대입하여 생각하지 않는다. 그러므로 그들의 주장은 허공을 치는 것이 된다. 종 진화(신종분화)가 사실이라면 그 이론은 반드시 발생생물학, 생식생물학, 분자생물학, 세포생물학에서 확인이 되어야 한다.

3.6 종 멸종의 끝장개체와 신종분화 선발개체는 '짝짓기'라는 문제에 같이 봉착한다

앞에서 종 진화(신종분화)를 위해서는 종 간 장벽을 반드시 넘어야 한다고 했다. 종 간 장벽을 구성하는 여섯 개의 관문 중 세 번째 관문인 짝짓기 관문을 통과하는 것이 거의 불가능에 가까운 일이라고 말했다. 하지만 그것은 사람에서 오람으로 종 진화(신종분화)하는 사고실험을 통해서 설명한 것이어서 일반 독자께서 짝짓기 문제의 난도를 체감하지 못할 수도 있다는 생각을 한다.

최근 어떤 종이 멸종 상황에 처했다는 소식을 접했다. 이에 착상이 떠올라 짝짓기 관문을 통과하기가 얼마나 어려운 것인지를 설명하고자 한다.

남미 볼리비아 토종 개구리인 세후엔카스 물개구리(Sehuencas water frog)는 개구리목에 속하는 하나의 종이다. 이 종은 열대 지방 산림, 강, 습지를 자연 서식지로 두는데, 사람들의 무차별 개발로 서식지를 잃으면서 멸종 위기에 처했다. 다행히 2018년 당시 11살 정도 된 수컷 개구리 한 마리가 발견되어, 그를 볼리비아에 있는 코차밤바 자연사 박물관(Cochabamba Natural History Museum)에 데리고 가 보호하고 있다. 이 개구리 이름은 로미오(Romeo)다.

볼리비아 환경보호단체는 양서류 인공 번식 프로그램으로 이 종의 멸종을 막기 위한 시도를 하고 있다. 그들은 미화 15,000불을 모금하는 운동을 진행했다. 이 돈으로 과거에 이 개구리가 많이 살던 지역을 수색하여 같은 종 암컷 개구리를 찾으려 했다.

볼리비아 환경보호단체는 아주 참신한 아이디어로 이 운동을 홍보했다. 온라인에서 교제할 이성을 찾는 사이트로 유명한 match.com에 로미오에 대한 상세한 프로필을 적어서 마치 사람이 이성을 찾는 것처럼 했다. "나는 꽤 잘생겼다. 나는 가정적이고 먹는 것을 좋아한다. 그런데 나는 외롭다. 그래서 짝을 찾기를 원한다. 나의 사정은 좀 급하다. 내가 만약 여성 짝을 찾지 못한다면 내 종이 영원히 사라지기 때문이다." 로미오의 프로필이다. 이 사이트에서 로미오의 프로필을 클릭하는 순간 돈을 기부하는 배너가 나타나고 원하면 기금 조성에 동참하게 된다.

이 로미오는 줄리엣을 찾아야 자기 종을 유지할 수 있다. 해당 종은 평균 15년 정도를 사는데 2018년 기준으로 로미오는 11살이었다. **4년 안에 짝을 찾지 못하면 로미오는 죽고, 그 종은 멸종되는 것이다.** 즉, 자신이 끝장 개체(Endling: 자신이 죽으면 자기 종은 멸종되는 개체)가 된다. 개체 수가 하나인 수컷 개구리가 자연에서 자기와 같은 암컷 종을 찾지 못하기 때문에 그 수컷을 보호하고 많은 사람들을 동원해서 암컷 개구리를 찾아보겠다는 이야기이다. 다행히 2019년 1월 줄리엣을 찾았고 현재 그 종을 인공 번식하려는 노력을 하고 있다.

짝짓기 관문을 통과하는 것이 얼마나 어려운 것인지를 설명하는 다른 예를 소개한다.

그림 4. 종 멸종 끝장개체는 종의 멸종을 막기 위해서, 신종 분화 선발개체는 종 진화를 위해서 짝짓기 문제에 필연적으로 봉착한다. 신종분화 선발개체는 짝짓기를 성공한다고 해도 ④, ⑤, ⑥ 관문을 추가로 넘어야 한다(그림 3참고).

케냐에 있는 올 페제타 동물 보호소(Ol Pejeta Conservancy)는 2018년 당시 세 마리의 북부 흰코뿔소(Northern White Rhino) 종이 살고 있었다. 그중 두 마리는 암컷이고 각각 이름은 파투와 나진이다. 파투와 나진은 엄마와 친딸 관계이다. 나머지 한 마리가 수컷인데, 이름은 수단이고 그의 나이는 2018년 당시 45세였다. 이 종의 기대 수명은 40~50세이므로 수단의 나이는 코뿔소 나이로 치면 꽤 된 나이다. 코뿔소의 뿔이 동양 의학에서 약효가 있다는 속설 때문에 그동안 마구잡이로 밀렵이 진행되었다. 그 결과 지구상에 2018년 당시 3마리만 남은 것이다.

비록 동물 보호소에 있지만 수단과 두 암컷이 생식을 하면 어느 정도 개체 수를 유지하면서 멸종 위기에서 벗어날 것이다. 그런데 문제는 두 암컷 코뿔소가 어떤 이유로 자연 임신을 하지 못한다는 것이었다. 그래서 두 암컷의 난자를 취해서 인공수정하는 방법을 모색해야 했다.

또 하나의 문제는 수단의 건강 상태가 매우 나빴다는 것이다. 오른쪽 뒷다리가 감염이 되었는데 약이 듣지를 않고 상태는 점점 안 좋아졌다. 결국 수단이 더 이상 고통을 받지 않게 하기 위해 그를 안락사시켰다. 현재 그로부터 채취한 정자를 냉동보관 중이다.

북부 흰코뿔소의 멸종을 막기 위해 사람들은 바쁘게 움직였다. 미국 샌디에이고 동물원으로부터 북부 흰코뿔소와는 종이 다르지만 분류학적으로 매우 가까운 남부 흰코뿔소를 케냐로 수송했다. 케냐에서 인공수정된 북부 흰코뿔소 수정란을 암컷 남부 흰코뿔소 자궁에 착상시켜 북부 흰코뿔소를 남부 흰코뿔소 대리모에게서 태어나게 하기 위한 작업을 진행하고 있다.

로미오가 기존의 종에서 생식분리가 일어난 신종분화 선발개체(Speciation Starter) 수컷이라고 가정해 보자. 이 수컷 신종분화 선발개체는 자기와 같은 신종 암컷 줄리엣을 15년 안에 찾아야 한다. 개체 수가 하나 발생한 신종 수컷이 자연에서 자기와 같은 종 암컷을 만나서 짝짓기를 하는 것이 얼마나 어려운 것인지 멸종 위기에 처한 끝장개체에서 엿볼 수 있다. 자기와 같은 신종 줄리엣을 찾아도 세 개의 관문(교합, 수정, 발생)을 더 넘어야 로미오와 줄리엣이 신종이 된다.

마찬가지로 수컷 수단이 북부 흰코뿔소 종으로 종 진화(신종분화)를 하기 위해서 태어난 신종분화 선발개체라고 가정하자. 이 선발개체 수컷 북부 흰코뿔소는 생식을 위해서 암컷 북부 흰코뿔소를 기다려야 한다. 그런데 기다릴 수 있는 시간이 길지 않다. 코뿔소의 최대 기대수명인 50년 안에 같은 종 암컷을 만나야 한다. 만약 그 기간 동안 암컷 북부 흰코뿔소가 나타나지 않으면 북부 흰코뿔소 수단은 신종이 되지 못한다. 즉 어렵게 태어난 신종분화 선발개체 수컷 북부 흰코뿔소는 사라지게 된다.

이와 같이 종의 멸종과 종 진화(신종분화) 과정은 거울대칭이다. 볼리비아 개구리 종의 멸종을 염려해서 짝을 찾으려 했던 것은 자연에서 하기 어렵기 때문에 인공적인 시도를 했던 것이다. 북부 흰코뿔소도 종의 멸종을 막기 위해 현재 지구상에 두 마리 남은 암컷의 난자와 안락사 전에 채취한 수단의 정자를 냉동보관하여 인공수정을 계획하고 있다. 시간의 구애를 받지 않기 위해서이다.

종의 멸종 방지와 신종분화(종 진화) 발생은 생식할 파트너를 구하는 문

제에 필연적으로 직면한다. 위에 나온 두 가지 사례에서 짝짓기를 하는 것은 사람의 도움을 받아 인공적으로 함에도 성공을 보장하지 못한다. 그런데 종 진화(신종분화)는 짝짓기를 자연에서 자발적으로 해야 하는 것이기에 그 난도가 얼마나 높은지를 가늠할 수 있다.

현재 지구상에는 수천만 종이 살고 있다. 진화생물학자들이 주장하는 것처럼 수천만 종이 각자 새로운 종으로 진화를 모색하고 있다면, 종 진화(신종분화)를 위해서 발생한 선발개체가 자기 짝을 찾기 위해서 고군분투하는 모습을 자연에서 우리가 관찰할 수 있어야 한다. 많은 생물들이 종 진화를 위해 "내 짝은 어디에?"라고 아우성치다 찾지 못하고 지쳐서 사라지는 모습을 관찰해야만 한다(그림 4 참고). **만약 우리가 자연에서 그 현상을 관찰을 하지 못한다면 종 진화(신종분화)는 이루어지고 있지 않다고 말할 수 있다.**

3.7 '신종분화(종 진화)를 위한 이성(異性) 이란성 쌍둥이 가설(Opposite Sex Dizygotic Twins Hypothesis For Speciation)'

앞에서 말한 바와 같이 기존의 사람 종 부부에서 신종으로서 남성 오람이 나오고 이 남성 오람과 짝짓기를 하기 위해서 거의 같은 시간대에 그리고 거의 같은 장소에서 다른 사람 종 부부로부터 여성 오람이 다시 한번 나타나는 것은 거의 불가능하다. 이 세 가지 관문을 넘는 것(남성 오람 탄생, 여성 오람 탄생, 두 남녀 오람이 거의 같은 시간대와 거의 같은 장소에 존재)을 단번에 해결할 수 있는 방법이 없는 것은 아니다.

오람이 태어날 때 이성 이란성 쌍둥이가 태어나면 된다(그림 5 참고). 이성 이란성 쌍둥이로서 두 오람이 태어나는 것은 오람이 하나 태어나는 것보다 훨씬 더 어려운 일임이 분명하다. 그러나 태어난 두 쌍둥이의 성이 다르므로 나머지 관문들을 쉽게 통과할 수 있다는 장점이 있다.

한 부모에게서 이성 두 오람이 태어났으므로 짝짓기 관문을 쉽게 통과할 수 있다. 두 남녀 오람이 같은 종일 가능성이 높으므로 교합 관문, 수정 관문, 발생 관문도 무난히 넘을 것으로 기대한다. 결국 종 간 장벽을 이루는 관문 4개를 한꺼번에 통과하여 신종분화(종 진화)가 바로 될 수 있다.

종 진화(신종분화)를 위한 종 간 장벽을 가장 쉽게 극복하는 방법은 이성 이란성 쌍둥이가 신종으로 태어나는 것이다. 이것도 내가 최초로 주장

하는 '신종분화를 위한 이성 이란성 쌍둥이 가설(Opposite Sex Dizygotic Twins Hypothesis For Speciation)'이다.

이 가설도 냉소적이면서 역설적인 것이다. 지구상에 양성 생식을 하는 모든 생물 종은 이성 이란성 쌍둥이를 통해서 종 진화(신종분화)가 쉽게 된다는 것이다. 만약 그렇다면 이성 이란성 쌍둥이가 자연에서 매우 높은 빈도로 관찰되어야 한다. 또한 실험실에서 이성 이란성 쌍둥이를 통해서 종 진화(신종분화)가 된다는 것을 보여줄 수 있어야 한다.

그러나 이 현상은 관찰도 되지 않고 실험을 통해서 재현도 시키지 못하므로 종 진화(신종분화)는 일어나지 않았고 일어날 수 없는 사건이라고 말해도 무방하다.

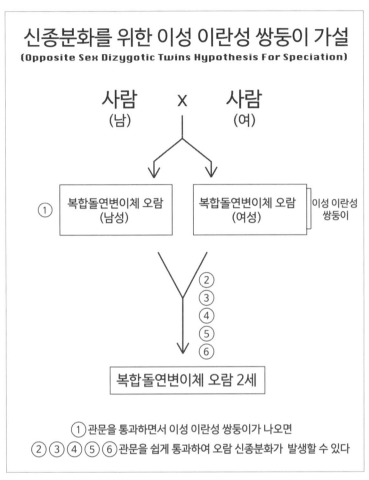

그림 5. 사람 부부로부터 이성 이란성 쌍둥이가 태어난다면 종 간 장벽을 넘기 위해서 통과해야 하는 ②, ③, ④, ⑤, ⑥ 관문을 용이하게 통과할 수가 있다. 종 진화(신종분화)가 일어나기에 매우 유리한 조건을 갖는 이성 이란성 쌍둥이가 태어나는 것을 우리가 자연에서 관찰할 수 있어야 한다. 또한 실험실에서 이성 이란성 쌍둥이를 인위적으로 탄생시켜 종 진화(신종분화)가 되는 것을 재현할 수 있어야 한다. 만약 관찰도 못하고 재현도 못한다면 '종 진화(신종분화)는 일어나지 않는 것이다'라고 말할 수 있다.

3.8 생물의 염색체는 자연에서 우연히 만들어질 수 없다

염색체를 구성하는 가장 주요한 성분은 DNA(데옥시리보핵산)이다. 여기에 여러 가지 단백질이 결합하여 기능적으로 독립적 구조체인 염색체를 만든다. 하나의 DNA 분자를 구성하는 것은 당, 인산, 염기다. 당과 인산은 한 가지 종류만 있는데, 염기는 dA, dC, dG, dT 네 종류가 있다. 이렇게 네 종류의 염기가 공통의 인산과 당에 붙어서 네 종류의 DNA를 만든다.

네 종류의 DNA는 dATP, dCTP, dGTP, dTTP이다. 염색체를 화학적으로 보면 네 종류의 DNA가 직선으로 연결되어 있는 구조이다. 이때 연결된 순서가 중요하다. dA-dC-dC-dA와 dA-dA-dC-dC 둘 다 두 개의 dC, 두 개의 dA로 구성되어 있지만, 연결된 순서가 다르므로 다른 유전 암호코드가 된다. 마치 영어에서 ACCA와 AACC가 다른 의미가 되는 것과 같다. 즉 DNA 염기서열은 유전정보를 가지고 있다.

지구상에 있는 생물 중 가장 간단한 염색체를 가지고 있는 것은 바이러스이다. 바이러스는 자체적으로 생존과 생식을 하지 못하기 때문에 생물과 무생물의 사이에 있는 생화학 물질로 보는 것이 맞다. 진화생물학자들은 종 진화 측면에서 대략 원소-유기물(무생물)-바이러스(생물과 무생물 사이)-단세포 생물-다세포 생물 순서로 진화했다고 주장하므로 바이러스도 생물 진화의 한 단계라고 보는 것이 맞다.

바이러스는 숙주가 무엇이냐, 유전물질이 DNA냐 RNA냐에 따라 수많은 종류가 있다. 가장 간단한 염색체를 가진 것은 수천 개의 DNA가 연결된 것이다. 예를 들어 어떤 바이러스가 1,000개의 DNA로 구성된 게놈을 가졌다 하자. 4개의 다른 염기를 가진 DNA가 1,000개 연결될 경우 가능한 경우의 수는 $(4)^{1000}$이 된다. 우리가 사용하는 공학용 계산기로 이것을 계산하면 에러가 나온다. 계산이 되지 않는 무한대이기 때문이다. 이렇게 많은 조합의 수 중 하나를 특정한 하나의 바이러스 염색체가 가지고 있다. 어떤 바이러스가 특정한 염기서열을 가질 확률은 무한대 분의 1이므로 0이다. 그런 바이러스가 우연히 자연에서 발생할 확률이 없다는 이야기이다.

혹자는 이 무한대 조합의 경우의 수가 1이 아니라고 주장할 것이다. 하나의 바이러스 종 안에 다양한 변이가 생기기 때문이다. 현재 우리가 실시간으로 목격하고 있는 코로나19 바이러스에서 지금까지 검출된 변이가 10개라고 가정하자. 앞으로 1,000개의 변이가 더 나온다고 해도 확률은 $(4)^{1000}$ 분의 1,010이다. 이것도 계산하면 0으로 나온다.

혹자는 이렇게 주장할지 모르겠다. "현재 DNA, RNA 합성 기술이 발달해서 1,000개의 염기서열을 실험실에서 만들 수 있다." 이 말은 맞다. 하지만 DNA나 RNA 염기 1,000개를 실험실에서 합성하는 것은 창조자가 만든 원본을 복사하는 것이다. 창조자는 창조하고 과학은 그것을 모방하는 것이다. 차원이 다르다. 어떤 특정한 미지의 바이러스를 실험실에서 만든다는 것은 불가능하다. 자연에서 우연히 발생하는 것도 불가능하다.

유기물질에서 바이러스를 지나 단세포 생물인 박테리아로 진화를 했다고 하자. 우리와 친한 박테리아는 대장균이다. 염색체 내에 네 종류의 DNA 약 5백만 개가 연결되어 있다. 이것도 경우의 수가 $(4)^{5000000}$이고 계산이 불가능한 무한대이다. 무한대의 조합의 수 중의 하나가 우연히 자연에서 바이러스로부터 대장균으로 진화했다는 것이 종 진화론의 주장이다. 불가능한 것을 가능하다고 주장하는 것이다.

우리가 빵을 만들 때 사용하는 빵 효모 염색체 안에 약 1,300만 개(1.3×10^7)의 DNA가 있다. 이 효모는 대장균과 다르게 세포 안에 핵이 있고, 핵 안에 DNA 1,300만 개가 16개의 염색체에 나누어져 있다. 염색체가 16개 있다는 것은 DNA 1,300만 개가 16개의 용기에 나누어져 있다고 이해하면 쉽다. 빵 효모 전체 게놈이 16개의 염색체로 나누어져 감수분열을 하는 이유 중 하나는 전에 1부에서 말한 것처럼 변이를 다양하게 만들기 위해서다(1.9참고). 빵 효모 게놈이 우연히 만들어지는 확률은 조합의 수 4의 1.3×10^7 분의 1이다. 사람의 염색체는 24개로 나누어져 있고 총 DNA 개수는 약 30억(3.0×10^9)이다. 조합의 수는 4의 3.0×10^9 승이다.

무기물에서 당과 같은 유기물 분자가 우연히 만들어지고, 다시 우연히 네 종류의 DNA가 만들어진다. 이 4개의 DNA 몇천 개가 무한대의 경우의 수가 있는 것 중의 하나의 조합을 취해서 우연히 바이러스로 진화하고, 이것이 다시 무한대의 경우의 수가 있는 것 중에 하나를 우연히 취해서 대장균으로 진화되고, 이것이 다시 무한대의 경우의 수가 있는 것 중에서 하나의 DNA 배열을 갖는 빵 효모가 되고, 결국 사람의 염색체로 변화해 왔다는 것이 진화생물학자의 주장이다. 이것은 수학적으로 불가능한 것이다. 이런 이유로 나는 7차원 창조자가 각 생물 종을 창조했다는 것을 믿는다. 다른 대안이 나에게는 없다.

백 번 양보해서 수학적으로 가능하다고 하자. **그렇다면 실험실에서 자연에서의 조건을 모방해서 염색체의 DNA 개수가 증가되며 종 진화(신종 분화)되는 것을 재현해야 한다. 하지만 현재 재현을 못 하고 있고 앞으로 영원히 재현을 못 할 것이다. 초자연적인 사건이기 때문이다.**

3.9 염색체의 수와 구조는 변할 수 없고, 염색체상의 유전자 위치도 변할 수 없다

종이 갖는 총 DNA 개수(게놈 크기)는 종마다 다르다. 빵 효모가 약 13mbp(Mega Base Pairs, $1.3×10^7$), 노랑초파리가 약 120mbp, 생쥐가 약 2,700mbp, 침팬지가 약 3,000mbp, 사람이 약 3,000mbp다. 각 종이 갖는 게놈은 각 종이 갖는 특정 수의 염색체에 나누어져 있다. 빵 효모는 반수체 염색체가 16개 있고, 노랑초파리는 4개, 생쥐는 20개, 침팬지가 24개, 사람이 23개이다.

진화생물학자들은 대략 대장균-빵 효모-노랑초파리-생쥐-침팬지-사람으로 종 진화되었다고 주장한다. 그들은 비교적 단순한 생물 종에서 복잡한 종으로 진화한 것이라고 주장한다. 그렇다면 게놈 크기가 5백만 개-1,300만 개-1억 2천만 개-27억 개-30억 개-30억 개로 커지는 변화를 거쳐야 한다. 진화가 진행되면서 총 DNA 개수가 증가되는 것과 동시에 반수체 염색체 개수가 16개-4개-20개-24개-23개로 변화해야 한다. 게놈 크기는 진화에 따라 증가되는 추세이다. 반면 염색체 수는 진화가 진행되면서 일정한 방향성 없이 왔다 갔다 한다.

염색체는 그 안에 염색체가 되기 위한 필수 요소가 다 있어야 한다. 염색체는 하나의 잘 조직화된 정교한 기능적인 구조물이다. 체세포 분열(유사분열, 세포가 자기 복제를 하는 과정)과 감수분열(생식세포가 만들어지는 과정)을 할 때 가장 중요한 것은 염색체 복제이다. 이 작업을 하기 위해서는 염색체 곳곳에 복제 시작점(Replication Origin)들이 위치해 있어야 한다. 막대 모양의 각 염색체 양쪽 말단에는 텔로미어(Telomere)라는 특이한 구조가 존재해야 한다. 텔로미어를 구성하는 염기서열은 효모, 원생동물, 녹조생물, 곤충, 척추동물에서 각기 다르다.

만약 염색체에 텔로미어가 없다면 모든 생물은 세대가 지날수록 염색체의 길이가 짧아져 종으로서 유지되지 못한다. 또한 텔로미어는 하나의 염색체가 다른 염색체에 붙는 것을 막아 주는 역할도 한다. 그러므로 두 개의 염색체가 합쳐져 하나가 될 수도 없다. 하나의 염색체가 두 개로 조각나면 조각난 염색체 한 쪽 말단에 텔로미어가 없게 되므로 바로 DNA 분해 효소의 공격을 받아 조각난 염색체는 분해된다. 종의 고유의 염색체 수가 변할 수 없는 이유이다.

상동염색체를 양극으로 분리할 때 역할을 하는 동원체(Centromere)라는 요소도 염색체에 없어서는 안 될 요소이다. 동원체 염기서열도 각 종마다 다 다르다. 동원체는 배수체 염색체를 반수체로 정확히 나누는 과정에서 역할을 한다. 염색체 수가 변할 수 없는 이유이고, 이것은 바로 종의 영속성을 보장하는 장치 중 하나이다.

정상적인 사람 세포의 염색체 구조는 변할 수 없다. 염색체의 구조가 변함으로써 나타나는 영향을 간접적으로 알 수 있는 방법이 있다. 세포가 이온화 방사선에 노출되면 염색체가 끊어져서 구조가 변한다. 과거 일본 히로시마, 나가사키와 체르노빌에서 원자 폭탄이나 핵 발전소 방사선에 피폭된 사람에게서 염색체 구조 이상이 많이 발견된다. 이런 염색체를 가진 사람이 생식을 할 때는 기형아 출산 확률이 높아진다. 방사선에 피폭된 사람의 생식세포에서 염색체 구조나 수에 변화가 생겼기 때문이다. 지구상에 현재 살고 있는 78억 명의 사람 중 건강한 사람은 하나도 예외 없이 모두 염색체 수가 46개이고 각각의 구조가 다 같다.

오늘날 임신 초기에는 태아 핵형 검사(Karyotyping)를 한다. 발생하는 태아에게 유전적인 결함이 있는가를 확인하는 방법이다. 이 검사에서 세포 염색체 수가 46개인지를 확인하고 각각 46개의 구조가 정상인지를 면밀히 조사한다. 만약 수와 구조가 정상에서 벗어나 있으면 정상적인 발생을 하지 못하거나 발생하여 태어나도 심각한 유전 질병을 나타낼 수 있다.

세포 내 게놈이 염색체로 나누어지고 각 염색체 구조가 조직화되어 있는 것은 태양계 시스템과 비슷하다. 우리가 속해 있는 태양계는 태양을 중심으로 총 8개의 행성이 각각 공전과 자전을 한다. 이 시스템에서 3번째 행성인 지구와 4번째 행성인 화성 사이에 다른 태양계에서 온 행성 X가 끼어들면 우리 태양계에는 큰 재앙이 발생한다. 목성의 크기가 반토막이 난 경우에도 현재 태양계 시스템에 큰 변화를 초래할 것이 분명하다. 염색체도 각 종이 가지고 있는 고유의 수나 고유의 구조가 변하면 생식을 못 한다. 생식을 못 하면 그 종은 바로 소멸된다. 이런 이유로 염색체 수나 구조가 변하면서 종 진화(신종분화)가 된다는 건 허튼소리이다.

인간 게놈 프로젝트는 약 2만 개 유전자를 동정하고, 그들의 정확한 위치를 24개 염색체상에 정하는 것이었다. 1990년에 시작해서 2003년에 완료된 인간 게놈 프로젝트에 사용된 DNA는 남성 2명과 여성 2명으로부터 얻은 것이다. 그러므로 최종 염기서열 결과는 4명의 염기서열이 섞인 것이었다. 그 후 염기서열을 결정하는 방법이 빨라지고 비용도 저렴해졌다. 익명의 사람 1,000명의 게놈 염기서열을 각각 결정하여 서로 비교하는 연구인 '1000 게놈 프로젝트(1KGP)'가 2008년에 시작하여 2012년에 완료되었다. 이 연구 결과는 **사람이 갖는 약 2만 개 유전자 위치는 염색체상에 정해져 있다**는 것을 말해 준다. 1,000명의 게놈 DNA 염기서열 연구에서 얻은 결과를 확대 추론하면 2만 개 유전자 위치는 사람 종에 속한 모든 건강한 사람에서 절대로 변하지 않는다는 것이다.

1000 게놈 프로젝트로 밝혀진 또 다른 사실은, 어떤 사람의 염기서열과 기준 염기서열과의 평균 차이가 0.2%라는 것이다. 이 차이가 지구상에 존재하는 78억 명의 유전적 다양성을 제공한다. 그러나 그 이상 차이가 나지 않는 것은 염기서열에 변할 수 있는 한계가 있다는 것을 암시한다.

1000 게놈 프로젝트 결과로 얻은 사람과 사람 사이의 염기서열 차이가 평균 0.2%이고 유전자 2만 개의 위치가 각 염색체상에 정해져 있다는 사실은, 사람은 종 진화(신종분화)가 절대로 이루어질 수 없다는 것을 선언한다고 할 수 있다. 사람 종이 오람으로 종 진화가 되려면 염색체상에 유전자 위치가 변해야 하는데 그런 것이 관찰되지 않았기 때문이다. 염기서열 차이도 0.2%라는 것은 그것이 사람 종의 건강을 보장하는 유전적 다양

성을 나타내는 것이고, 그것으로 종 진화(신종분화)가 진행되고 있다고 생각할 수는 없다.

현재 100,000명 게놈 프로젝트가 진행 중이다. 앞으로 염기서열을 결정하는 방법이 획기적으로 개선되어 비용이 저렴해지면 1억 게놈 프로젝트도 가능할 것으로 예상한다. 이 경우에도 종 진화(신종분화)가 될 수 없다는 추가적인 증거가 나올 것으로 예상한다.

이런 데이터는 사람 게놈 프로젝트가 끝나고 포스트 게놈 시대에 나온 것이다. 이런 사실을 알고 사람이 종 진화(신종분화)되어서 오람이 될 수 있다고 생각하거나 주장하는 것은 매우 타당하지 않다고 할 수 있다.

침팬지 게놈 프로젝트가 2013년에 완성되었다. 사람과 침팬지 게놈 염기서열을 비교, 분석한 결과가 보고되었다. 우리가 많이 듣는 말 중에 하나는 '사람과 침팬지의 염기서열 차이가 1.5%이다'라는 말이다. 이 주장은 사실을 오도하는 잘못된 주장이다. 이 결과는 사람과 침팬지의 게놈 서열 중 단백질을 합성하는 염기서열(Exon)만을 비교, 분석한 수치이다. 하지만 사람과 침팬지 전체 게놈 중 5% 정도만 단백질을 합성하는 부분이고 나머지 95%의 게놈은 단백질 합성과 무관한 염기서열이다. 전체 게놈의 95%를 차지하는 DNA에는 여러 종류의 반복서열이 삽입과 결손(Indel, Insertions and Deletions)되어 있다. 이로 인해서 두 종 간에 전체적인 게놈 염기서열은 엄청난 차이가 난다.

이것은 마치 오토바이와 자동차를 비교하면서 둘 사이의 내연기관인 엔진이 98.5% 유사하므로 오토바이와 자동차가 98.5% 유사하다고 주장하는 것과 흡사하다. 오토바이와 자동차를 나란히 두고 엔진 이외의 부분을 자세히 들여다보면 차이가 엄청나게 많은 것을 알 수 있다. 종 진화론은 오토바이와 자동차 사이에 엔진의 유사성이 높으므로 오토바이가 자동차로 저절로 변했다고 주장하는 것이다. 어처구니없는 주장이다.

　침팬지와 사람의 종 진화를 논할 때 진화생물학자들은 반드시 '공통 조상'을 거론한다. 침팬지에서 사람으로 종 진화한 것이 아니고 상상의 공통 조상에서 침팬지와 사람이 각각 종 진화되었다는 것이다. 그들이 거론하는 공통 조상은 우리를 속이기 위해 그들이 부리는 마술의 '소도구'에 불과하다. 지구상에 현재 존재하는 수천만 가지 종 중에 공통 조상으로 볼 수 있는 생물은 없다. 아울러 공통 조상으로 볼 수 있는 화석도 전혀 발견되지 않았다.

　공통 조상 → 침팬지, 공통 조상 → 사람으로 종 진화되었다는 주장은 침팬지 → 사람으로 종 진화된 것과 본질적으로 차이가 없다. 진화생물학자들은 우리가 직접 보는 침팬지에서 사람으로 종 진화되었다는 것을 현대 생물학 지식에 맞게 설명하지 못한다. 그러기 때문에 우리가 볼 수 없는 가상의 공통 조상을 거론하며 논점을 흐리는 것이다. 그들의 마술에 속지 말아야 한다.

3.10 사람의 배수체 염색체 수는 46개이고, 침팬지 배수체 염색체 수는 48개이다

사람의 배수체 염색체 수는 46개이다. 고릴라, 오랑우탄, 침팬지와 같은 대형 유인원들은 배수체 염색체 수가 48개이다. 진화생물학자들은 사람과 침팬지는 그들의 공통 조상으로부터 약 600만 년 전에 각각 새로운 종으로 분화했다고 주장한다. 그렇다면 그들의 공통 조상의 배수체 염색체 숫자는 얼마일까? 48개? 아니면 46개?

동물은 염색체의 수에 매우 민감하다. 반면에 식물은 민감하지 않다. 우리가 알고 있는 씨 없는 수박은 염색체 수를 인위적으로 조절해서 만든 것이다. 식물은 서로 다른 두 종이 생식세포의 수정이 아닌 체세포의 융합을 할 수도 있다. 따라서 4벌의 염색체를 갖는 새로운 종이 자연에서 그리고 인공적으로 만들어지기도 한다. 그러나 동물은 염색체 수의 변화를 견디지 못한다.

사람의 경우 난자로부터 반수체 염색체 23개, 정자로부터 반수체 염색체 23개를 받아서 수정란을 생성하고 이 수정란이 정상적인 발생을 하여 배수체 염색체(46개)를 갖는 건강한 아이로 태어난다. 이 아이는 자라서 다시 생식에 참여한다. 만약 엄마의 난자로부터 반수체 염색체 23개에 염색체 21번이 하나 추가된 총 24개의 염색체를 받고, 아빠의 정자로부터 반수체 염색체(23개)를 받았다면 그 수정란은 어떻게 될까? 이 경우 발생을 정상적으로 한다. 하지만 다운증후군 아이가 태어난다. 다운증후군 환자는 정도의 차이가 있지만, 20여 가지의 다양한 비정상적인 형질을 나타낸다.

염색체 21번이 없는 것도 아니고 3개나 있는데 왜 문제가 발생할까? 염색체 21번이 3개 존재하면 그들 염색체상에 있는 유전자 개수가 3개가 된다. 원래 모든 유전자는 대립유전자로서 체세포에 2개가 있어야 한다. 어떤 유전자가 3개 있으면 정상적인 유전자 용량(Gene Dosage)인 2를 초과하기 때문에 발생 과정에 여러 가지 문제가 발생한다. 이는 사람을 포함한 양성 생식을 하는 모든 동물이 염색체 수에 아주 예민하게 반응한다는 사실을 입증하고 있다. 우리가 약을 정량으로 2알 먹어야 하는데 3알 먹으면 부작용이 나타나는 것과 비슷하다.

다운증후군 남성에게 생식 능력이 없는 것은 3개의 21번 염색체가 감수분열 시 균등하게 1개씩 2개의 생식세포로 이동하지 못하기 때문이다.

그렇다면 아빠의 정자로부터 반수체 염색체(23개)를 받고 엄마의 난자로부터 반수체 염색체 23개에 염색체 13번이 추가된 24개를 받은 수정란의 운명은 어떻게 될까? 이 경우도 발생을 하고 아이가 태어나지만 파타우증후군(Patau Syndrome)이 나타난다. 그 아이는 태어나서 몇 개월 내에 사망한다.

염색체 18번이 하나 더 있는 경우도 발생하고 태어나지만 몇 개월 살지 못한다. 이 경우는 에드워드 증후군(Edwards Syndrome)이 나타난다. 사람 염색체 1번에서 22번까지 22개 중 위 예에서 나온 21번, 13번, 18번을 제외한 나머지 19개의 염색체가 각각 하나 더 있는 경우는 어떻게 될까? 이 경우는 발생 자체를 하지 못한다. 태어나지 못하고 태아 상태에서 유산한다. 이만큼 동물은 염색체 수, 즉 유전자 용량에 민감하다.

난자에게서 반수체 염색체를 하나 부족하게 받고(염색체 22개), 정자에게서 정상적인 반수체 염색체 23개를 받은 수정란의 운명은 어떻게 될까? 이 경우는 엄마의 자궁에서 발생 자체를 하지 못한다. 염색체 1~22번 중 어떤 것이 하나만 빠진 상태로 수정하면 염색체가 45개가 된다. 이 경우도 발생을 정상적으로 하지 못하고 유산이 된다. 염색체 5번이 일부만 결핍되어 있는 경우 염색체 개수가 46개일지라도 고양이 울음소리를 내는 묘성증후군(Cri-Du-Chat Syndrome)을 갖고 태어난다. 이 묘성증후군 아이는 심각한 인지능력 저하와 행동장애를 나타낸다.

사람의 X염색체는 여성에게 2개, 남성에게는 하나 있다. 남성과 여성의 유전자 용량이 다르다. 그런데도 전혀 문제가 없다. 한동안 이 문제가 생물학계의 난제였다. 그러다 1961년에 리온 가설(Lyon Hypothesis)이 주장되었다. 이 주장은 여성이 갖고 있는 2개의 X염색체 중 하나는 불활화된다는 것이다. 남성과 여성의 X염색체상에 있는 유전자 용량을 하나로 맞추기 위해서이다. 그 후 리온 가설은 여러 실험과 분석으로 사실임이 입증되었다.

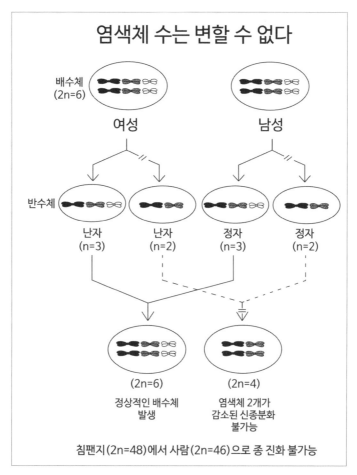

그림 6. 양성생식하는 생물은 체세포 배수체(2n) → 생식세포 반수체(n) → 체세포 배수체 (2n) → 생식세포 반수체(n)를 반복하면서 종의 영속성을 유지한다. 종마다 고유한 배수체 염색체 수를 갖는다. 침팬지가 배수체 염색체가 48이고 사람은 배수체 염색체가 46이다. 침팬지가 사람으로 종 진화(신종분화)되었다면 배수체 염색체 수가 48 → 46으로 감소해야 한다. 위 그림에 나타난 것처럼 침팬지 정자와 난자가 생성되면서 두 곳에서 상동 염색체 관계에 있는 염색체가 1개씩 동시에 감소하고 이 두 생식세포가 수정해서 사람이라는 새로운 종을 만든다는 것은 불가능한 정도를 넘어서 생각할 수가 없는 사건이다. 사람과 침팬지가 공통 조상으로부터 각각 종 진화(신종분화)되었다는 것은 논점을 흐리게 하기 위한 진화생물학자들의 속임수일 뿐이다(3.9 후반부 참고).

사람과 침팬지의 공통 조상이 갖는 염색체 수가 배수체 46개(반수체 23개)라고 가정하자. 이 경우 공통 조상에서 침팬지로 진화되는 것을 설명할 수 없다. 현재 침팬지가 48개의 배수체 염색체(반수체 24개)를 갖기 때문이다.

공통 조상이 갖는 염색체 수가 배수체 48개(반수체 24개)라고 가정하면 공통 조상에서 사람으로 진화하는 과정을 설명할 수 없다. 현재 사람은 46개의 배수체 염색체를 갖기 때문이다. 특정한 수의 배수체 염색체 수를 갖는 공통 조상에서 서로 다른 배수체 염색체를 가진 종(사람이나 침팬지)으로 종 진화(신종분화)될 수는 없다. 왜냐하면 염색체 수는 변화될 수 없기 때문이다.

백 번 양보해서 염색체 하나가 증가 또는 감소될 수 있다고 하자. 그런데 공통 조상에서 사람과 침팬지로 종 진화(신종분화)되려면 서로 상동염색체 관계가 있는 염색체가 동시에 감수분열 하기 전에 증가 또는 감소된 후 감수분열을 해야 한다.

사람 남성의 정자가 정원 세포에서부터 만들어지는 기간은 2달 반이다. 이 기간 동안 엉뚱한 염색체가 하나 들어오거나 빠져서 염색체 수가 변해야 한다. 그와 동시에 난자에서도 정자에 들어가거나 빠진 염색체와 상동 염색체 관계에 있는 염색체가 들어가거나 빠져야 한다. 그리고 이런 정자와 난자가 만나서 수정을 해야 한다.

백 번 양보해서 어떤 염색체 1개가 감소된 정자가 만들어졌다고 하자. 이 정자는 남성 사람이 성관계 시 한 번 배출하는 수억 마리의 정자의 극히 일부에 해당한다. 극히 일부의 정자(염색체 1개가 감소 또는 증가)가 또다시 극히 일부를 차지하는 난자(염색체 1개가 감소 또는 증가)를 만나서 수정을 하고 발생을 한다는 것은 생각할 수가 없다.

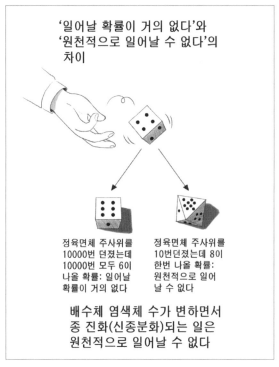

그림 7. '어떤 사건이 일어나는 것이 확률적으로 거의 불가능하다'는 말과 '어떤 사건이 원천적으로 일어날 수 없다'를 이해하는 것이 필요하다. 배수체 염색체 수가 2 증가하거나 2 감소하면서 종 진화(신종분화)되는 사건은 6면체 주사위를 10번 던져서 8이 한 번 나오는 것과 같이 원천적으로 일어날 수 없다.

정육면체 주사위를 10,000번 던졌다고 하자. 10,000번 다 6이 나올 확률은 있을까? 그 확률은 6의 10,000승 분의 1이다. 수학적으로 0이다. 이 사건이 발생하는 것은 거의 불가능하다. 그러나 이렇게 나올 가능성을 생각할 수는 있다. 반면 정육면체 주사위를 10번 던졌다. 8이 1번 나올 확률은 어떻게 될까? 이것도 수학적으로 0이다. 그러나 이 사건이 나올 확률은 생각할 수가 없다. 원천적으로 불가능하다(그림 7 참고).

후자의 경우는 주사위를 던졌는데 땅에 떨어지기 전에 주사위가 정육면체에서 정팔면체로 변해야 한다. 염색체 수가 변하면서 그것도 상동염색체가 쌍으로 같이 증가하거나 감소되면서 종 진화(신종분화)가 일어나는 것은 정육면체 주사위를 10번 던졌는데 8이 1번 나오는 경우와 매우 유사하다. 그러므로 염색체 수가 변하면서 종 진화(신종분화)가 일어나는 사건은 생각할 수 없는 것이고 원천적으로 불가능한 사건이다.

어떤 종이 갖는 배수체 염색체의 수는 변할 수 없다. 그러므로 종 진화 (신종분화)는 일어날 수 없다.

3.11 유성 생식을 하는 생물의 염색체는 왜 배수체(倍數體)로 존재하나?

생식세포(정자와 난자)는 한 벌(one set)의 염색체를 갖는다. 이것을 반수체라고 한다. 체세포는 두 벌 염색체를 갖고 이를 배수체라고 부른다.

빵 효모 32개(한 벌 16개), 노랑초파리 8개(한 벌 4개), 예쁜꼬마선충 12개(한 벌 6개), 호랑이 38개(한 벌 19개), 사자 38개(한 벌 19개), 생쥐 40개(한 벌 20개), 흰쥐 42개(한 벌 21개), 당나귀 62개(한 벌 31개), 말 64개(한 벌 32개), 침팬지 48개(한 벌 24개), 사람 46개(한 벌 23개) 등등 모두 두 벌 염색체를 갖는다. 그 수가 종마다 다르다.

유성 생식을 하는 생물은 배수체 염색체 수가 대부분 짝수이다. 이 생물은 체세포로부터 생식세포를 만들기 위해 감수분열을 거친다. 감수분열은 말 그대로 체세포 염색체 수가 두 벌에서 한 벌로 감해진다는 뜻이다. 사람으로 치면 사람의 정자에 염색체 한 벌 23개, 난자에 한 벌 23개가 있다. 이것이 수정되면 다시 두 벌 염색체(배수체)를 갖는 사람으로 발생하고 태어난다. 두 벌 염색체를 갖는 사람은 다시 생식세포를 만들면서 반수체 정자나 난자를 생성한다. 이런 과정을 반복하면서 사람이라는 종이 유지되는 것이다.

생식세포와 체세포에서 각각 반수체와 배수체를 갖는 이유는 종의 영속성을 유지하기 위해서이다. 종의 영속성을 유지하는 것과 종 진화(신종분화)가 일어나는 것은 정반대의 현상이다. 서로 충돌하는 두 현상이 동시에 일어날 수 없다. 종의 영속성이 유지된다는 것은 사실이다. 그러므로 종 진화(신종분화)는 사실이 아니다라고 봐도 된다. **배수체-반수체가 반복 순환되면서 종의 영속성을 갖는다는 사실 하나로만 봐도 종 진화(신종분화)는 일어날 수 없는 일이라는 것을 알 수 있다.**

3.12 모든 시민은 생물학자이다

사람의 성장, 결혼, 출산, 육아는 바로 생물학 실험이다. 우리가 결혼하고 자식을 낳는 것이 생식생물학 실험이다. 임신하여 태아가 자라는 것을 초음파로 보고 손으로 만지는 것은 발생생물학 실험이다. 생식생물학과 발생생물학은 종 진화(신종분화)와 밀접한 연관이 있다. 매일 먹는 식품은 생물의 산물이다. 먹고 소화시키고 배설하는 것도 일종의 생물 실험이다. 그래서 '모든 시민은 생물학자이다'라고 말할 수 있다.

우리가 먹는 쌀은 벼 생물의 열매이다. 2차 세계대전 이후 개발도상국의 인구가 폭발적으로 증가하며 식량이 부족해졌다. 이 문제를 해결한 것이 녹색혁명이다. 이 혁명의 첫째 사례는 멕시코 노먼 볼로그(Norman Borlaug) 박사의 실험이다. 볼로그 박사는 '소로나64'라는 밀 종자를 개발하여 밀 생산량을 획기적으로 늘렸다. 그 후 필리핀 국제 벼 연구소의 비첼(Beachell) 박사는 'IR8'이라는 벼 종자를 개발하여 쌀 생산량을 크게 증가시켰다. 1971년 한국 농촌진흥청에서는 일반형 벼와 인도형 벼를 교배시켜 '통일벼'를 개발했다. 이 녹색혁명의 결과로 만들어진 세 가지의 종자가 다 변이이다.

만약 종 진화(신종분화)가 가능하다면 생산량이 증가된 변이를 만들기보다는 생산량이 대폭 증가된 신종 곡물 종자를 개발하지 않았을까?

콩 심은 데 팥이 나지 않을 것을 우리는 확실히 알고 콩을 심는다. 종은 다른 종으로 변화되지 않는다. 이것이 사실이라는 것을 우리는 안다. 종 진화론이 끼어들 틈은 없다. **우리의 실존적 생활을 통해 종 진화론의 사실 여부를 판단할 수 있다. 우리가 생물학자이기 때문이다. 종 진화론자들의 소설에 귀를 기울일 필요가 전혀 없다.**

3.13 생물의 영속성은 '성장-생식' 순환 고리의 무한 반복이다

현생 인류 호모 사피엔스가 지구상에 출현한 때는 지금으로부터 약 35만 년 전이라고 진화생물학자들이 주장한다. 그들은 네안데르탈인과 현생 인류가 공통 조상으로부터 약 80만 년 전에 각각 종 분화하여 공존하다가 약 10만 년 전에 현생 인류가 네안데르탈인과의 전쟁에서 승리하여 네안데르탈인 종이 소멸되고 현생 인류만 남았다고 이야기한다. 완전한 공상 과학 소설이다.

내가 이 소설에 몇 가지를 첨언하겠다. 현생 인류와 네안데르탈인의 공통 조상을 X라 하자. X 종이 출현할 때 Y도 X와 Y의 공통 조상 Z로부터 출현했다고 보자. Z에서 X, Y가 출현한 시점이 180만 년 전이다. 종 X가 180만 년 전에 출현해서 100만 년 살다가 어떤 이유로 현생 인류와 네안데르탈인으로 종 진화(신종분화)를 일으키고 자신은 소멸한다.

종 X가 100만 년(180만 년 전에 출현하여 80만 년 전에 소멸) 살다가 두 신종(네안데르탈인과 현생 인류) 진화를 일으키고 소멸되었다. 그러므로 종 X는 100만 년 동안을 지구상에 살았다. 100만 년이라는 숫자가 너무 커서 오래 살아야 100년 남짓인 현생 인류는 그 소설 이야기에 완전 빠져들게 된다.

소설가가 하는 말을 잘 분석할 필요가 있다. 종 X의 암수가 '성장-생식'이라는 1세대를 거치는 데 소요되는 기간이 사람과 비슷한 30년이라고 가정하자. 30년으로 구성된 1세대 기간이 무한 반복되어 종이 유지된다. 만약 1세대 기간 동안 종 진화(신종분화)가 일어나지 않으면 기존 반복 고리는 계속된다.

전에 말한 단속평형이론, 도약진화이론, 바람직한 괴물 가설을 상기시킬 필요가 있다. 그리고 전에 기술한 나의 가설 '3세대 신종분화설'에 따르면 만약 종 진화가 일어난다면 3세대(약 100년) 만에 신종이 출현해야 한다. 따라서 100만 년이라는 연수는 의미가 없다.

변이가 다량 발생해도 그것이 신종이 될 수 없다는 대전제를 잊지 말아야 한다. 다시 한번 말하면 신종이 되기 위해서는 종 간 장벽 안에 있는 6개의 관문을 순서대로 한 번에 다 넘어야 한다(3.5 참고).

결론은 종 진화(신종분화)는 일어나지 않는다는 것이다. **현생 인류는 원래부터 있었고, 어떤 요인으로 현생 인류가 멸종되지 않는다면 앞으로도 같은 사람 종으로 있을 것이다.** 다시 말하면 멸종은 있을 수 있으나 사람 종에서 신종 '오람'이 출현되는 것은 상상할 수 없다.

3.14 유전자 부동(浮動)은 종 진화(신종분화)를 설명할 수 있나?

진화생물학자들은 유전자 부동(Genetic Drift)을 돌연변이와 함께 종 진화(신종분화)를 일으키는 주요 요인으로 제시한다. 돌연변이는 종 안에서 변이는 만들 수 있지만 종을 넘는 종 진화(신종분화)를 일으킬 수는 없다. 그렇다면 유전자 부동은 무엇이며, 그것으로 종 진화(신종분화)가 일어날 수 있는가를 고찰할 필요가 있다.

유전자 부동이란 집단 안에서 대립유전자의 분포가 일정 비율로 유지되다가 환경적인 요인으로 작은 집단이 분리되는 경우에 발생한다. 모(母)집단에서 작은 집단으로 분리될 때 무작위로 작은 수의 개체가 모집단에서 분리되므로 결국 이것이 샘플링 에러로 작용한다. 이 이유로 모집단과 작은 집단 사이에 대립유전자의 분포(유전자 풀)가 서로 달라진다.

한반도 남한에 사는 집단을 모집단이라고 가정하자. 남한 사람 집단에서 혈액형 분포는 일정하게 유지되고 있다. A형이 34%, B형이 27%, O형 28%, AB형 11%다. 반면 북아일랜드 공화국의 혈액형 분포는 A형이 26%, B형이 9%, O형 47%, AB형 2%이다. 이런 식으로 각 집단의 혈액형 분포가 다른 이유는 혈액형을 결정하는 4개의 대립유전자의 빈도가 각 집단에서 서로 다르기 때문이다. 각 집단(남한, 북아일랜드 공화국) 내에서 결혼이 자유롭게 무작위로 이루어지면 이 혈액형 빈도는 세대가 지나도 변하지 않는다. 대립유전자의 빈도가 평형을 유지한다. 이를 하디-바인베르크

평형 원리(Hardy-Weinberg Equilibrium Principle)라고 한다.

예를 들어 남한에 살고 둘 다 혈액형이 O형인 부부가 태평양을 항해하다가 허리케인을 만나 표류했다고 하자. 다행히 그 부부는 규모가 꽤 큰 무인도에 정착하였다. 이 부부는 그 섬에서 자식을 낳고 자식이 또 자식을 낳게 된다. 세대를 거듭하면서 인구 10만 명의 집단을 이루었다. 그렇다면 이 10만 명의 혈액형 분포는 O형이 100%가 된다. 원래 조상 부부는 O형 혈액형을 결정하는 대립유전자만 가지고 있었기 때문이다.

이른바 창시자 효과(Founder Effect)가 발생한 것이다. 남한 사람의 집단이 갖는 혈액형의 분포와 완전히 다른 혈액형 분포를 갖는 집단이 새로 생긴 것이다. 이런 결과가 나온 이유는 남한 집단에서 한 부부(혈액형 O형)만이 표본으로 취해졌기 때문이다. 만약에 어느 섬에 남한 사람 10만 명이(남녀 각각 5만 명) 정착했고 시간이 지나 100만 인구가 되었다고 가정하면 새로운 집단은 원래 모집단에 근접한 혈액형의 분포를 가질 것이다. 이 경우 샘플링 에러가 작기 때문에 창시자 효과는 거의 없다.

처음 그 섬에 도착한 두 사람이 생식을 하여 10만 명의 집단을 이루는 데 20세대가 지났다고 하자. 약 600년이 지난 후 그 섬에 살고 있는 동물이 사람인가? 아니면 오람인가? 우리는 머릿속에서 이런 사고실험을 수행할 수 있다. 유전자 부동은 절대 새로운 종을 만들 수 없다. 대립유전자 빈도가 다른 같은 종의 새로운 집단을 만들 뿐이다.

다윈이 종 진화론을 주장한 후 지금까지 160여 년 동안 진화생물학자들은 이런 시시콜콜한 이론만을 제시하고 있다. 유전자 부동은 종 진화(신종 분화)와는 전혀 무관하다.

3.15 생물 종의 최고의 목적은 종족 번식이다

　지구상에 존재하는 수천만 종에 속하는 각 생물들의 최고의 목적은 무엇일까? 두말할 필요 없이 같은 종 안에서 생식을 통해 자기 종족을 보존하는 것이다.

　연어는 민물 하천 상류에서 알에서 태어나 바다로 향한다. 바다에서 몸집을 키우고 치열한 생존 경쟁에서 살아남는다. 이는 그들이 귀소해 알을 낳기 위해서라고 해도 과언이 아니다. 연어들의 귀소 본능도 결국은 생식 본능이다. 연어가 태어난 하천 상류로 향할 때 거센 물살을 거슬러 올라가야 한다. 하천 상류에 도착하면 알을 낳는다. 생식을 마친 연어는 일주일 이내에 죽는다. 이렇게 연어의 삶은 성장과 생식 이외에 다른 것에 정신을 쓸 여유가 없다. 사실 성장도 생식을 위해서 한다고 보는 것이 타당하다.

　연어뿐만 아니라 지구상 모든 생물은 생식 본능을 충족시키기 위해 자기의 모든 것을 바쳐 지난한 생존 투쟁을 한다. 이런 상황에서 다른 종으로 진화한다는 것은 생물의 본래 생식 본능을 통한 종족 보존에 어긋나는 것이다.

　1976년에 출간된 리처드 도킨스(Richard Dawkins)가 쓴 『이기적인 유전자』란 책은 오늘날 사람들에게 많이 읽히고 있다. 이 책에서 도킨스가 말하고자 하는 것은 진화의 주체는 유전자이고, 이 유전자들이 이기적이어서 더 많은 복제를 추구하고 있으며 이를 위해 종족 번식을 많이 하게 된다는 설명이다. 이런 의미에서 이기적인 유전자는 이기적인 종족 번식이란 말과 같은 말이다. 생식은 자신의 유전자를 자기와 같은 종의 다음 세대로 전달하는 것이다.

종 진화(신종분화)는 자기 종과의 생식을 거부하고 다른 종으로 생식분리되어 기존 종으로부터 뛰쳐나가는 것이다. 그런데 어떤 한 종이 종 간 장벽을 넘어 생식분리를 이루어 새로운 종이 될 가능성은 앞에 기술한 것처럼 매우 적다. 통과해야 할 관문이 무려 6개나 된다. 새로 발생한 신종분화선발개체는 만약 관문을 넘지 못한다면 자신의 유전자를 낭비하는 결과가 된다.

종 진화(신종분화)가 되기 위해서는 진화생물학자들이 말하는 자연선택의 관문을 넘어야 한다. 자연선택의 문을 넘지 못하는 개체의 유전자는 소멸된다. 이런 이유로 종 진화(신종분화)는 종족 번식이라는 생물의 본능에 거스르는 현상이다. 도킨스가 말하는 이기적인 유전자의 논리에도 어긋난다.

생물에 만약 종족 번식의 본능이 강하게 작용하지 않으면 현재 지구상에서 우리가 관찰하는 수천만 가지가 넘는 종을 관찰할 수 없을 것이다. **생물은 종 진화(신종분화)라는 한눈을 팔 여유가 없이 치열하게 자기 종족을 번식해야 살아남을 수 있는 존재이다.** 포식자에게 먹히고 남은 개체가 종족을 유지해야 하기 때문이다. 상황이 그리 녹록지 않다.

만약 어떤 동물이 종 진화(신종분화)되어서 신종이 되었다고 하자. 그리고 신종은 구종과 비교하여 고등 동물이 되었다고 하면 신종 고등 생물이 구종 동물의 포식자가 될 수 있다. 만약 그렇다면 종족 보존에 어긋나는 일이 발생한다. 그러므로 종 진화(신종분화)는 일어날 필요도 그리고 일어나야 할 당위성도 전혀 없다.

3.16 가상의 '냉동 화석'이 종 진화 여부를 분명히 밝혀 준다

앞서 여러 번 언급했듯이, 종 진화(신종분화)가 발생했다는 사실을 뒷받침하기 위해서는 '중간 종 화석'의 존재가 중요하다. 그러나 중간 종 화석은 발견되지 않았다. 하지만 어렵게 중간 종 생물 화석을 찾으려는 노력을 할 필요는 없다. 다음과 같은 사고실험을 해 보자.

현재 지구상에 살아 있는 모든 생물들을 상상으로 갑자기 영하 196도로 얼리면 이것은 가상의 '냉동 화석'이 된다. 영하 196도는 액체 질소의 온도다. 생물은 그 온도에서 모든 생명 활동을 정지한다. 냉동 인간을 만들 때나 난자나 정자를 장기간 보관할 때 이 액체 질소를 사용한다.

이 가상의 냉동 화석을 10만 년간 보관하다가 누군가가 그것을 하나씩 조사한다고 상상해 보자. 액체 질소에서는 모든 생명 활동이 멈추기 때문에 지금 조사해도 10만 년 후에 조사하는 것과 상태는 동일하다. 즉 이 조사는 10만 년 후 '10만 년 전에 지구상에 살고 있던 생물 중 중간 종의 생물이 있는지 확인하는 실험'과 같다. 이는 현재 진화생물학자들이 10만 년 전에 만들어진 화석을 발굴하여 조사하려는 시도와 동일하다.

만약 종 진화(신종분화)가 일어났다면 가상으로 10만 년 전에 냉동되고, 10만 년 후 머릿속에서 해동된 생물 중에서 중간 종 생물이 관찰되어야 한다. 머릿속에서 해동된 생물은 현재 우리 주위에서 관찰되는 생물들이다.

우리 주위 생물 중 중간 종이라고 판단되는 생물 종이 있는가? 단연코 존재하지 않는다. 이런 사고실험을 일 회에 그치지 않고 1년간 날마다 반복할 수 있다. 365번의 사고실험에서 중간 종이 관찰되지 않으면 '종 진화(신종분화)는 허구이다'라고 자신 있게 말할 수 있다.

요즘 코로나19로 인해서 회자되는 중합효소연쇄반응(Polymerase Chain Reaction, PCR) 방법을 발명한 캐리 멀리스(Kary Mullis)는 1983년 어느 주말에 캘리포니아 고속도로 5번을 운전하면서 주중에 본인이 실패한 실험을 생각하다가 머릿속으로 어떤 사고실험을 했다. 그는 바로 다음 주 월요일에 실험실에 출근하여 그 사고실험을 실제로 실험하였다. 그렇게 발명한 것이 PCR이다. 생물과학사뿐 아니라 인류 문명사에 길이 남을 중요한 발명이다.

약 2년 전부터 현재까지 그리고 미래에도 진행될 코로나19 팬데믹 상황에 만약 멀리스가 40여 년 전에 발명한 PCR이 없었다면 어떤 일이 벌어졌을까? 전 지구적으로 사망자는 현재보다 수십 배 많았을 것이고, 강력한 사회 봉쇄로 세계 경제는 더 깊은 수렁으로 빠졌을 것이라고 생각한다. 이 방법은 매우 예민하고, 정확하고, 비교적 신속하기 때문에 무증상 확진자까지 잡을 수 있다. 그러므로 확진자와 접촉한 사람의 추적 조사가 가능한 것이다. 하나의 사고실험이 매우 강력한 힘을 발휘했다고 볼 수 있다.

가상의 냉동 화석 사고실험으로 쓰잘데기없는 종 진화론에 대한 논란에 종지부를 찍길 바란다.

3.17 창조론을 과학적으로 입증할 수는 없다

현재 대부분의 진화생물학자는 종 진화(신종분화)를 설명할 수 있는 이론이 아직 존재하지 않고 있다는 것을 안다. 자연선택에 의해서 새로운 종이 만들어지는 것을 자연에서 관찰하거나, 실험실에서 자연선택을 모방한 인공선택으로 종 진화(신종분화)를 재현하지 못한 것도 인지하고 있다(4부 '진화생물학자들의 말 말 말' 참고). 하지만 그들은 지구상에 다양한 생물이 존재하는 것을 설명할 수 있는 유일한 과학적 이론으로 종 진화론 외에는 다른 대안이 없다고 생각한다.

중세에 기독교가 사회 전반에 강력한 영향력을 행사하면서 종교가 과학까지 탄압한 사실이 있었다. 17세기 초에 갈릴레오 갈릴레이는 자신이 개량한 망원경으로 천체를 관찰하였다. 이를 근거로 코페르니쿠스의 지동설을 주장했다. 그러나 그는 그 주장으로 인해 종교 재판에 회부되어 가택연금이 되었다. 종교계가 실수한 것이다.

이 사건 후 400여 년이 흘렀다. 과학은 점점 그 영향력을 넓혀 가는 추세다. 사람들은 과학적인 생각과 논리로 성경에 기록된 바 창조자가 사람을 포함한 생물을 각 종류대로 창조했다는 것을 의심하게 된다.

진화생물학자들과 많은 사람들은 자신들이 종 진화론을 포기하지 못하는 이유가 창조론을 과학적으로 증명할 수 없기 때문이라고 말한다. 이런 이유로 아무 증거도 없이 허공을 때리는 종 진화론을 계속 주장하는 것으로 보인다.

이것은 다시 과학을 종교와 연관시키는 실수를 하는 것이다. 이번에는 실수의 주체가 과학이다. **과학은 종교와 상관없이 스스로 서야 한다. 창조론은 과학적으로 설명할 수 없다. 왜냐하면 창조 과정은 초자연적이기 때문이다. 그러므로 '창조론이 과학적이지 않기 때문에 종 진화론을 주장할 수밖에 없다'라고 말하는 것은 논리에 맞지 않다.**

그렇다면 종 진화론은 과학적인가? 그렇지 않다. 창조론과는 별도로 종 진화론이 사실이 되려면 과학적인 실험을 통해서 증명을 하면 된다.

내가 진화론자들에게 요구하는 것은 다음 질문에 솔직히 답하라는 것이다. 과연 종 진화(신종분화)는 일어났는가? 그렇다면 일어난 것을 자연에서 관찰했는가? 아니면 실험실에서 종 진화(신종분화)를 실험으로 증명했는가? 현재 종 진화(신종분화)에 대한 관찰과 실험적인 증명이 없는 것은 분명하다. 그렇다면 앞으로 160년 후, 아니 1600년 후에 종 진화(신종분화)를 관찰하고 그 과정을 실험실에서 증명할 것이라고 예측하는가?

3.18 종 진화(신종분화)는 연속 개념이고 창조는 불연속 개념이다

어떤 현상이 연속이냐, 불연속이냐 하는 문제는 과학의 여러 분야에서 논란이 되어 왔다. 고전 역학에서는 에너지 1과 2 사이에 1.5가 있고, 1과 1.5 사이에 1.25가 있다. 다시 1과 1.25 사이에 1.125가 있고 1과 1.125 사이에 1.0625가 있다. 이런 식으로 계속 나가면 취할 수 있는 에너지 값이 연속이 된다. 반면 양자 역학에서는 에너지가 연속적인 값을 가질 수 없다. 에너지는 어떤 상수에 양의 정수 값이 곱해진 값만을 갖는다. 이것은 원자핵 주위에 분포한 전자가 에너지가 불연속적인 전자 껍질에 있기 때문에 발생한다. 그래서 원자에서 전자의 이동으로 나오는 에너지가 불연속이다. 고전 역학에서 보면 연속이 맞고, 양자 역학에서 보면 불연속이 맞다. '미시적인(Microscopic) 관점에서는 불연속이 맞는데, 이것을 거시적인(Macroscopic) 관점으로 보면 연속처럼 보인다'로 해석하는 것이 타당하다. 결국은 불연속이라는 말이다.

그럼 유전에서는 연속일까? 불연속일까? 멘델이 유전 법칙을 발표한 1866년, 정확히 말하면 멘델의 유전 법칙이 재발견된 1900년 전에는 유전이 연속이라고 생각했다. 10,000명의 고등학교 3학년 남학생을 키 순서로 세운다고 하자. 그리고 키를 0.01cm까지 측정하여 x축으로 하고 학생 수를 y축으로 하여 막대 그래프를 그리면 정상 분포에 가까운 그래프가 그려진다. 키가 170.11cm, 170.12cm인 학생이 있다. 이런 데이터를 보면 우리는 키라는 값이 연속적인 값이라는 걸 눈으로 확인한다. 그래서 유전은 연속적으로 된다고 생각하게 된다.

실제로 실험을 하면 어떨까? 멘델과 거의 동시대에 산 식물학자들이 빨간색의 꽃을 피우는 분꽃식물(Four O'clock Plant)과 하얀색 꽃을 피우는 분꽃식물을 인공 수정했다. 그러자 자손의 꽃 색이 분홍색이 나왔다. 이런 실험 결과를 보면 이 식물의 꽃 색을 결정하는 인자(유전자)가 섞인다고 해석하는 것이 너무나 당연하다. 이른바 혼합유전설이다. 우리의 일상생활 중에서 관찰되는 것도 혼합유전설을 뒷받침하는 것이 무척 많다. 동양인 엄마와 서양인 아빠가 결혼하여 아이를 낳으면 아이의 얼굴 생김새는 그 중간 정도인 것을 쉽게 관찰할 수 있다. 형질이 섞인다는 것은 유전이 연속이라는 것이다.

이런 혼합유전설이 팽배하던 시대에 멘델은 완두콩을 가지고 1858년부터 7년 동안 실험을 했다. 빨간색 꽃의 완두콩과 하얀색 꽃의 완두콩을 인공 수정시켰다. 놀랍게도 자손이 다 빨간색 꽃을 피웠다. 이 빨간색 꽃을 피우는 완두콩을 자가 수정시켰다. 다음 세대의 콩에서 하얀색 꽃도 나오고 빨간색 꽃도 나왔다. 이런 일련의 결과를 보고 멘델은 완두콩의 꽃의 색을 결정하는 인자(유전자)가 섞이지 않는 어떤 입자처럼 존재한다고 주장하기에 이른다. 이것이 입자유전이론이다.

동시대 과학자들은 입자유전이론을 받아들일 수 없었다. 그 당시의 상식에 너무 동떨어진 이론이었기 때문이다. 그런데 34년 후 현미경 성능이 개선되고, 염색체 염색 기술이 발달되면서 감수분열 시 세포 내에서 벌어지는 현상을 관찰할 수 있게 됐다. 실처럼 생긴 여러 염색체들이 섞이지 않고 각자 따로 존재하다가 독립적으로 배열하고 분리되는 것을 두 눈으로 확인했다. 멘델의 유전 법칙이 재발견되는 순간이었다. 유전은 불연속으로 되는 것이 밝혀진 것이다.

위 예에서 고등학생 키가 연속적인 값을 취하는 것은 키를 결정하는 유전자가 다수이기 때문에 나타나는 현상이다. 키를 크게 하는 대립유전자와 키를 작게 하는 대립유전자들이 조합되는 경우의 수가 많기 때문에 발생하는 것이지 혼합유전이 되는 것은 아니다.

지구상에는 대장균, 효모, 예쁜꼬마선충, 노랑초파리, 생쥐, 개, 원숭이, 사람과 같은 동물이 공존한다. 대장균에서 점진적으로 사람으로 진화되었다는 주장은 그 과정이 연속이라는 말이다. 반대로 각 종이 초자연적으로 창조되었다는 주장은 종이 불연속이라는 주장이다. 언뜻 보기에는 혼합유전이론의 경우에서처럼 종도 연속일 것이라는 생각이 상식적이다. 여기에 찰스 다윈은 그 당시 19세기 과학적 방법론(관찰과 묘사를 주로 한 방법)을 이용해서 종이 연속적으로 진화되었다고 주장한 것이다.

찰스 다윈의『종의 기원』이 출판된 지 160년이 지난 지금의 과학적 방법론은 무엇인가? 한마디로 말하면 분자 수준, 세포 수준의 고도화된 실험을 통한 이론과 가설의 증명이다. 160년 동안 우리가 얻은 것은 다름 아닌 실험 기술의 발달이다. 우리가 어떤 사실을 밝히려는 생각만 있다면 못 하는 실험이 없다고 해도 과언이 아니다. 직접적인 실험이 가능하지 않으면 모방실험을 통해서 과학적인 결과를 얻을 수 있다. 시간이 문제라면 가속실험을 해서 만 년에 걸쳐 일어난다는 종 진화(신종분화)를 단 한 달이나 일년 만에 일어나게 할 수 있다. 종 진화(신종분화) 결과가 미미해서 관측이 어렵다면 효과를 증폭하는 과장실험을 할 수 있다. 여기서 나오는 실험 결과를 직접 분석하거나 아니면 결과를 확대추론(Extrapolation)하여 종 진화론을 검증할 수 있다.

과거에 유전과 형질을 결정하는 유전자의 화학적 조성과 염색체의 수와 구조를 모를 때는 종이 연속적으로 진화했다고 생각하기 쉬웠지만, 20세기 중후반부터 실험과 분석 방법을 이용한 실험 결과들은 종이 불연속이라는 것을 지지한다. DNA를 구성하는 염기가 섞일 수 없고 게놈을 구성하는 염색체가 섞일 수 없다는 사실은 생물 종이 불연속이고 종 진화(신종분화)가 절대 일어날 수 없다는 사실을 웅변하고 있다(3.8, 3.9, 3.10 참고).

지난 1952년 유전물질이 DNA라는 것이 밝혀진 때부터 2021년까지 현대 생물학의 모든 결과는 종이 연속이 될 수 없음을 뒷받침한다. 연속이 아니면 불연속일 수밖에 없다. 종은 초자연적으로 창조자가 각 종류대로 불연속적으로 창조한 것이다.

3.19 신종분화(종 진화) 실험에서 얻은 부정적인 결과를 발표하는 과학 잡지가 없다

진화생물학자는 그동안 신종분화(종 진화) 실험을 통해서 신종이 나온 결과를 제시하지 못하고 있다. 신종분화(종 진화) 실험을 하지 않아서 결과가 없는 것일까?

실험실 신종분화 실험으로 대표적인 것은 노랑초파리를 통한 이소성(異所性) 신종분화(Allopatric Speciation) 실험과 최소 배지에서 대장균을 키우면서 10년 동안 종 진화(신종분화)를 관찰한 실험이 있다. **두 실험이 그나마 과학 잡지에 실릴 수 있었던 것은 그 결과에서 신종분화(종 분화)는 아니지만 신종분화(종 분화)처럼 보이는 변이 발생을 포착할 수 있었기 때문이었다.** 실패한 두 신종분화(종 진화) 실험은 뒤에 자세히 기술된다 (3.29, 3.30 참고).

"신종분화(종 진화) 실험이 노랑초파리와 대장균에서만 행해졌을까?"라는 질문을 할 수 있다. 우리는 그 답을 알 수 없다. 왜냐하면 신종분화(종 진화)를 위한 실험을 했는데 신종분화(종 진화)가 일어나지 않은 부정적인 결과를 얻었다면, 그 결과는 과학 잡지에 실을 수 없기 때문이다. 부정적인 결과는 일반적으로 과학적 결과라고 여기지 않는다.

신종분화 실험을 했는데 종 분화가 일어나지 않았다는 부정적인 결과를 발표하는 잡지를 만드는 것은 어떨까? 사실 이 아이디어는 일부 진화생물학자들이 원하는 것이다. **신종분화(종 진화) 실험에서 부정적인 실험 결과를 발표하는 과학 잡지를 만들어 그 결과들을 모은다면, 신종분화(종 진화)는 인공적인 실험실 환경에서 불가능하다는 것을 분명하게 입증할 수 있다고 생각한다. 실험실 신종분화(종 진화) 실험이 지금까지 성공하지 못한 것은 자연에서도 종 진화(신종분화)가 일어나지 않는다는 것을 명백하게 말하는 것이다.**

3.20 종의 멸종이 문제면 신종분화(종 진화)도 문제다

오늘날 지구상에 사람들의 활동에 의해 기후변화가 초래되었고 현재 진행형이다. 기후변화는 어떤 종의 서식처를 사라지게 만든다. 이런 이유로 기존에 있던 많은 종이 멸종했고, 현재 멸종 위험에 처한 종들도 다수다. 남획이나 밀렵도 종의 멸종을 초래할 수 있다.

종이 멸종되면 생태계의 균형이 깨진다. 하나의 종이 소멸됨으로써 같은 생태계에 속한 모든 생물이 충격을 받는다. 종의 멸종을 방지하기 위해서 우리는 취약, 위기, 위급, 야생절멸 4단계로 나눠서 많은 노력을 기울인다. 이런 노력에도 불구하고 현재 지구상에서 평균 10년에 하나의 종이 멸종되는 것으로 보고되고 있다.

종 진화(신종분화)에 의한 새로운 종의 생성도 어떤 특정한 종의 멸종과 같이 생태계의 균형에 영향을 끼치는 것은 당연하다. 최근 대한민국에 들어온 외래종 문제를 보면 신종 발생이 아니고 다른 지역에 살던 종이 서식지를 옮기는 것만 해도 생태계가 충격을 받는 것을 우리는 목격한다.

우리는 종 진화(신종분화)를 억제하기 위해서 어떤 노력을 기울이는가? 종 진화(신종분화)를 억제하자는 어떤 노력이나 캠페인도 들어본 적 없다. 이는 종 진화(신종분화)가 사실이 아니라는 간접적인 증거 중 하나이다.

3.21 인류 기원에 대한 '아무 말 대잔치'

2017년 6월 과학 잡지 네이처는 아프리카 대륙 북부에 있는 모로코에서 가장 오래된 사람의 화석이 발견되었다고 발표했다. 이 모로코에서 발견된 사람의 화석은 34만 9000년~28만 1000년 전의 것이라고 주장했다.

2018년 3월에는 사이언스 과학 잡지에 미국 스미소니언 국립자연사박물관 연구진이 동부 아프리카 지역에서 중기 석기 시대 초기에 남겨진 도구들의 연대를 측정하여, 그 도구를 사용한 것으로 생각되는 현생 인류의 기원을 32만 년 전으로 추정했다는 논문이 실렸다.

위 두 논문이 발표되기 전까지 사람의 출현은 약 20만 년 전으로 추정되었다. 갑자기 사람의 출현 연대가 거의 10만 년 앞당겨진 것이다.

현생 인류(호모 사피엔스)의 조상은 네안데르탈인이라고 진화생물학자들은 말한다. 이에 따르면 약 30만 년 전까지 호모 네안데르탈렌시스가 살다가 후에 호모 사피엔스가 출현한 것이다.

진화생물학자들은 나름대로의 과학적인 방법으로 발견된 뼈 화석과 그들의 연대를 방사선 동위원소로 측정하여, 호모 사피엔스 종의 출현이 20만 년 전 또는 약 30만 년 전이라고 주장한다. 아무 의미가 없는 말이다. 그들은 호모 네안데르탈렌시스에서 호모 사피엔스로 넘어가는 3세대, 약

100년 동안 어떤 일이 벌어졌는가를 자세히 설명해야 한다. **그 이유는 내가 주장하는 '3세대 신종분화설'에 의하면 종 진화(신종분화)가 일어났다면 3세대에 걸쳐 발생해야만 하기 때문이다. 3세대 내에 종 진화(신종분화)가 일어나지 않으면 그것은 일어나지 않는 사건이다.**

그러나 불행하게도 진화생물학자들은 십만 년 단위의 시간을 말할 뿐이다. 십만 년은 사람의 수명이 길어야 100년이라는 것에 비해 어마어마한 시간이다. 그래서 그들은 이 점에 기대어 '아무 말 대잔치' 중이다.

3.22 실험이상주의는 종 진화론에도 적용된다

160여 년 전에 다윈이 종 진화론을 주장할 때부터 지질학적으로 발굴된 생물 화석이 종 진화의 중요한 증거로 활용되었다. 이는 오래전에 만들어진 생물 화석에 초점을 맞추고 그것을 찾음으로써 종 진화의 증거로 제시하려는 논리였다.

중간 종의 화석으로는 시조새가 유명하다. 시조새는 파충류에서 조류로 진화하면서 살았던 중간 종으로 제시되었다. 시조새는 파충류와 조류의 특징을 모두 가지고 있다. 요즘의 진화생물학자들은 이 시조새를 가지고 종 진화(신종분화)의 증거로 삼지 않는다. 다행이다. 원래부터 말이 안 되는 주장이었기 때문이다. '시조새라는 종이 살다가 어떤 이유로 멸종된 것이다'라고 해석하는 것이 맞다.

외관상 시조새가 파충류의 것과 조류의 것을 다 가지고 있기에 이것을 중간 종으로 여기고, 이것을 종 진화의 증거로 삼는 것은 '19세기 생물학'의 관점이다. 19세기 생물학은 생식에 대해서 범생설을 사실로 받아들였고, 용불용설을 받아들였고, 생물의 퇴화기관을 관찰하고 이것 역시 종 진화의 증거로 제시했던 시대이다. 생물의 형태를 피상적으로 관찰하고 이를 비교, 서술함으로써 어떤 법칙을 이끌어 내려는 시도였다. 그 당시에는 이런 과학적인 탐구 방법밖에는 다른 방법이 없었기 때문에 생긴 결과이다.

19세기 말에 생물학에 있어서 형태 관찰과 비교 서술 방법이 한계에 부닥치게 된다. 물리학과 화학의 도움으로 생물학도 환원주의 기법을 사용한 실험이 가능해졌던 것이다. 환원주의는 복잡한 생명현상의 속성을 여러 개의 단순한 부분으로 분해해서 설명하려는 시도이다. 20세기에 막 들어서자마자 34년 전에 발표했지만 어둠 속에 있었던 멘델의 법칙이 햇빛을 보게 된다. 세포의 염색체를 염색하고 그것을 현미경으로 관찰할 수 있게 되었기 때문이다. 실험과 분석 방법이 도입된 실험 생물학의 쾌거다.

실험이상주의는 '진리를 향한 길은 실험과 경험에 의해서만 가능하다'는 개념이다. 실험을 통하지 않거나 사람의 오감으로 직접 체험하지 않고는 사실에 접근할 수 없다는 선언이다.

실험과 분석 방법을 가장 먼저 생물학에 도입한 토머스 모건(Thomas Morgan)은 1904년에 생물학이 앞으로 나가야 할 새로운 방향에 대해서 이런 말을 했다.

"실험만이 동물학을 화학과 물리학과 같은 반열에 올릴 수 있다는 것은 비교적 새로운 인식이다. (생물학에서) 관찰하고 그것을 기술하는 것보다는 실험을 해야 할 필요성이 매우 크다는 것이 나의 생각이다."

"The recognition that only by experimental methods we can hope to place the study of zoology on a footing with sciences of chemistry and physics is comparatively new concept. I think it will be generally admitted that at the present time there is a great need for experimental work than description and observatory study."

모건은 노랑초파리에 X선을 쏘아 돌연변이를 유발하는 실험을 통해서 염색체가 성(性)을 결정한다는 사실을 밝혀냈다. 그 후 1952년에 허시와 체이스(Hershey and Chase)는 파지(Phage)를 통한 실험을 통해서 DNA 가 유전물질이라는 사실을 밝혔다. 1953년에는 왓슨과 크릭이 다른 사람 이 얻은 X선 회절 실험 결과를 포함한 몇 가지 실험 결과를 종합해서 DNA 가 이중 나선 구조라는 사실을 발표했다. 1960년대에는 '무세포 단백질 합 성 시스템(Cell Free Translation System)'을 통해서 유전 암호를 해독했다. 1970년대 말에서 1980년대 사이에는 재조합 DNA를 만들고 이것이 생물 학적 활성이 있음을 실험을 통해서 밝혔다. 그 이후 1990년부터 시작한 국 제적인 노력을 통해서 2003년에 인간 게놈 프로젝트가 완성되었다.

이런 현대 생물학의 발전은 하나의 예외도 없이 모두 실험과 분석을 통 해서 이루어진 것이다. 그런데 진화생물학자들은 실험을 하지 않는다. 21 세기인데 아직 19세기 인식에서 벗어나지 못하고 있다. 사실은 실험을 하 지 못하는 것이다. 왜냐하면 어떤 하나의 종에서 새로운 종으로 변하는 신 종분화(종 진화)는 실험실에서 재현할 수 없는 초자연적인 현상이기 때문 이다.

3.23 '데이터를 쫓아라'

1976년에 미국에서 개봉된 정치 스릴러 영화 「모두가 대통령의 사람들 (All the President's Men)」은 미국 닉슨 대통령의 하야를 초래한 워터게이트 사건을 배경으로 만든 것이다. 워싱턴 포스트 두 기자가 정부 고위 당국자 중 한 사람을 정보원으로 하여 워터게이트 사건을 취재한다. 이 정보원은 기자들에게 하나의 힌트를 준다. 그것은 "돈을 쫓아라(Follow the money)"였다. 결국 그들은 25,000달러 수표의 흐름이 워터게이트를 침입한 최초 5인조 강도와 관련된 것을 알아낸다.

이 방법은 현재도 범죄 수사에 아주 중요한 기법으로 사용된다. 많은 경우 범죄에 돈이 필연적으로 연관되어 있다는 것을 의미한다. **범죄에 있어서 돈의 흐름이 중요하다면, 어떤 과학적인 사실을 입증하는 데도 데이터를 쫓으면 된다.**

2004년 3월 황우석 박사 팀이 사이언스 잡지에 인간배아복제 성공 논문을 발표해서 세계를 놀라게 했다. 그로부터 약 1년 후 2005년 5월에는 환자 맞춤형 배아줄기세포 논문을 발표했다. 이 논문의 핵심은 인간배아복제 성공률이다. 성공률을 높임으로써 맞춤형 배아줄기세포 제조가 가능하다는 주장이었다. 그 논문에는 11개의 독립적인 인간배아세포를 만들었다는 사진이 실려 있다. 그런데 그 논문에 실린 사진 데이터는 조작되었다. 1개의 인간배아줄기세포 사진에 이미지 수정을 해서 11개의 서로 다른 배아줄기세포인 것처럼 주장했다.

이는 논문 심사자들의 예리한 눈을 피해 출판되었다. 난자 채취 과정에서 일어난 비윤리성 논란의 중심에 있을 때 한 젊은 과학자가 사진이 조작된 것을 찾아냈다. 그 후 추가적인 조사 결과 2004년 첫 번째 사이언스 논문 사진도 인간배아줄기세포가 아닌 것으로 판명되었다. 이처럼 인간배아복제라는 그 의미가 매우 큰 과학적인 업적이 사진 몇 장의 데이터를 토대로 입증된다.

멘델의 완두콩 실험은 교배 후 나온 자손을 형질에 따라 분류하고 그들의 수를 센 것이었다. DNA 이중 나선 구조를 밝히는 데는 DNA 결정에 X선 회절 실험을 해서 얻은 사진 한 장이 지대한 공헌을 했다. mRNA의 존재를 밝힌 것도 전자 현미경 사진 한 장이었다. 사진으로 데이터를 발표하지 못하는 경우는 실제로 일어나는 일을 간접적으로 나타낼 수 있는 숫자데이터를 이용한다. 유전 암호를 해독하는 실험에서 실제 나온 데이터는 동위원소로 표지된 단백질의 방사능 수치였다.

그렇다면 현대 과학사에 한 획을 그을 정도로 위대한 업적으로 칭송받는 종 진화론은 어떠한가? 위와 마찬가지로 **종 진화론을 입증하는 데이터를 제시하면 된다. 종 진화(신종분화) 이전 그리고 이후(Before & After) 사진 두 장이면 된다.** 그런데 종 진화(신종분화) 데이터로 제시되는 것은 종진화(신종분화)를 보여주는 게 아니다. 100% 다 변이가 만들어진 데이터이다. 그들은 우리가 거기에 속기를 바란다. 우리는 정신을 바짝 차려야 한다.

3.24 1880년에 행한 최초의 실험실 신종분화(종 진화) 실험

실험실에서 종 진화(신종분화)가 일어나는지를 처음으로 실험한 사람은 윌리엄 달링거(William Dallinger)다. 그는 1880년에 다윈의 종 진화론을 증명하기 위한 실험을 했다. 그는 세대 주기가 비교적 빠른 원생동물을 선택했다. 이 원생동물은 섭씨 16도에서 잘 자란다. 원생동물을 키우면서 수조의 온도를 아주 미세하게 점점 올렸다. 이 원생동물이 점진적으로 올라가는 온도에 적응해서 새로운 형질(높은 온도에 견디는 형질)을 획득하는지를 조사했다. 환경의 변화에 의해서 획득형질이 생기고 그것이 유전되는지를 밝히는 실험이었다. 이 실험은 무려 7년 동안 진행되다가 온도를 유지하는 수조에 고장이 생겨서 중단됐다. 그는 일부 원생동물이 섭씨 70도까지 견디는 것을 관찰했다. 일부 원생동물이 높은 온도에 적응하는 능력을 갖게 된 것이다.

달링거는 이 실험 결과를 찰스 다윈에게 편지로 알려 주었다. 찰스 다윈은 이 결과가 매우 중요한 것이라고 말하면서 이런 이유로 물의 온도가 높은 온천에 조류(algae)가 사는 것이라고 말했다.

그 당시에는 획득형질이 유전된다고 생각했으므로 달링거는 높은 온도에 적응하는 형질이 다음 자손에게 전달되는 것을 7년 동안 거듭하면서 섭씨 70도까지 견디는 원생동물을 얻을 수 있었다고 주장했다. 지금 관점에서 보면 이것은 특정한 유전자에 돌연변이가 생기고, 이 돌연변이 유전자가 다음 세대에 전해지면서 높은 온도에 견디게 된 것이라고 해석할 수 있다. 돌연변이체를 얻은 것이다. 그러나 이 원생동물이 다른 종으로 변하는 종 진화(신종분화)가 일어난 것은 아니다.

달링거의 실험실 종 진화(신종분화) 실험과 비슷한 것으로 중학교 과학 실험 프로젝트 수준의 실험 하나를 제안하고 싶다. 물고기는 담수 물고기와 해수 물고기가 있다. 해수 물고기는 담수에서 살 수 없고 담수 물고기는 해수에서 살 수 없다.

담수 물고기를 담수에서 세대를 거듭하여 키운다. 이때 담수의 소금 농도를 미세하게 증가시킨다. 매 세대마다 0.1% 염도를 증가시켜 35세대 후에는 해수의 소금 농도 3.5%에 도달하게 한다. 35세대 후에는 담수 물고기가 해수에 적응하여 해수 물고기 종으로 종 진화(신종분화)가 일어날까?

우리가 현재 알고 있는 어류 생리학 지식으로는 담수 물고기가 해수에서 살기 위해선 유전자 수십 개가 조직적이고 체계적으로 바뀌어야 한다. 물고기 생리가 전체적으로 바뀌어야 하기 때문이다. 이는 물고기 체액과 삼투압이 다른 해수에서 살기 위해서이다. 이 같은 복합돌연변이체가 출현하는 것은 위와 같은 실험실 인공선택 실험으로 관찰이 불가능하다.

위의 중학교 과학 실험 프로젝트에 약간의 뼈와 살을 붙이고 일반인에게 생소한 전문적인 용어를 써서 실험을 진행한다면 이것은 '노벨상 프로젝트'가 되고도 남는다. 종 진화(신종분화)를 과장실험, 가속실험, 모방실험을 통해서 실험실에서 성공하면 그 사람은 인류 과학사에서 찰스 다윈보다 더 위대한 과학자 반열에 오를 수 있다.

　내가 130년 전 실험을 언급하는 이유는 왜 현재는 이런 실험을 하지 않는가에 대한 의문 때문이다. 자연선택에 의한 종 진화(신종분화)가 사실이라면 과거 130년 동안 실험실에서 자연선택을 모방한 신종분화(종 진화) 실험을 셀 수 없이 많이 했어야 한다.

3.25 아직도 '우표 수집' 수준을 벗어나지 못한 현대 진화생물학의 현실

알파 입자 산란 실험으로 원자의 구조를 밝혀서 1908년 노벨 물리학상을 받은 저명한 핵물리학자 어니스트 러더퍼드(Ernest Rutherford)가 이런 말을 했다.

"모든 과학은 물리학 또는 우표 수집 중 하나이다(All science is either physics or stamp collecting)."

러더퍼드가 보기에 과학은 가설을 세우고 그것을 증명하기 위한 실험을 거쳐야 한다고 생각했다. 당시 물리학은 그런 과정을 충실히 거쳤으나, 다른 과학 특히 생물학은 그렇지 못했다. 마치 우표를 수집하는 것처럼 눈으로 보이는 생물을 관찰해 묘사하고 그것을 나열하는 데 머무르고 있었던 것이다. 러더퍼드는 당시의 생물학 연구 현실을 얕잡아 보고 우표 수집이라 말했다.

그 후 30년이 지난 1940년대는 어떤 상황이 되었는가? 두 가지 이유로 많은 물리학자들이 생물학으로 연구 분야를 옮겼다. 첫 번째는 1, 2차 세계대전 중에 많은 물리학자가 전쟁에 거의 동원되다시피 하여 수중 음파 탐지기, 레이다, 핵무기 등을 개발하였다. 자기가 하고자 하는 연구가 아닌 강제로 해야 되는 연구에 염증을 느낀 것이 첫 번째 이유이다. 두 번째 이유는 물리학 연구가 점점 어려워지고, 대형화되는 연구 분위기에 매력을 느끼지 못한 젊은 물리학자들이 많아졌기 때문이다.

이런 이유로 많은 젊은 물리학자들이 생물학으로 연구 영역을 옮겨 갔고, 덕분에 현대 생물학의 발전에 많은 기여를 했다. 파지 그룹을 만들고 콜드 스프링 하버 심포지아(Cold Spring Harbor Symposia)를 만들어 파지를 통해서 생명현상을 연구하는 방법을 전 세계에 확산시킨 막스 델브뤼크(Max Delbruck)가 대표적인 사람이다. 파지는 미생물을 숙주로 하여 사는 바이러스를 일컫는 말이다.

그 당시 물리에서 생물로 분야를 바꾼 학자들은 노랑초파리 같은 고등생물을 사용하여 생명 원리를 밝히는 것이 어렵다는 것을 깨달았다. 전에 물리학자들은 원소 중 가장 간단한 구조를 갖는 수소 원자를 통해서 양자역학의 중요한 원리를 밝혔다. 여기에서 교훈을 얻은 물리학자들이 생물로 연구 분야를 옮기면서 생물에서도 가장 간단한 파지를 통해서 실험하는 것이 좋겠다고 생각했다.

그 후 물리학을 응용해서 나온 초고속 원심분리기와 X선 회절 시험을 통해서 담배 모자이크 바이러스의 구조를 밝혔다. 허시와 체이스는 파지를 통해서 유전물질이 DNA라는 사실도 규명했다. 그들은 물리학과 화학에서 사용했던 실험 방법을 생물학에 도입하여 1950~1980년을 거치면서 놀랄 만한 성과를 이루었다. 그 열매가 분자유전학, 분자생물학이다. 생물학으로 연구 분야를 옮긴 다수의 물리학자의 공로로 생물학이 우표 수집 수준의 연구에서 탈피한 것이다.

반면에 진화생물학 분야는 현재까지도 여전히 우표 수집의 수준에 머무르고 있다. 그들은 적극적으로 가설을 세우고 실험을 통해 그 가설을 증명하지 못하고 있다. 인류의 기원을 예로 들어 보자. 그들은 여전히 우표 수집을 하는 것처럼 뼛조각 화석을 찾고 그 화석의 연대를 측정해서 나열하면서 어쩌고저쩌고 설명을 하고 있다. 새로운 종의 출현에 대해서 실험을 통해 입증하지 못하고 있다. 그들은 언제 이 우표 수집 단계를 벗어날 수 있을까?

3.26 영국 맨체스터 '가지나방'에 대한 자연선택 관찰

인공선택이 아닌 자연선택 결과를 관찰한 것으로 많이 거론되는 사례는 1848년 영국 곤충학자 에들스턴(R. S. Edleston)이 맨체스터 지방에서 관찰한 가지나방의 날개 색 변화이다. 원래 이 지방에는 흰색 날개를 갖는 가지나방만 관찰되었는데, 갑자기 검은색 날개 가지나방이 많이 관찰되기 시작했다.

에들스턴은 영국 맨체스터 지방의 공업화에 따른 공해로 나무 줄기 색이 검게 되고, 이것이 검은색 나방의 보호색 역할을 한 것이라고 설명했다. 그 결과 검은색 가지나방의 개체 수가 갑자기 증가하게 된 것이라고 해석했다. 교과서적인 자연선택이 작동한 것이다.

흰색 날개 가지나방이 생식하는 도중에 돌연변이가 발생하여 최초로 검은색 날개를 가진 가지나방이 생겼을 것이다. 이 검은색 나방은 새로운 종이 아니고 가지나방의 변이에 해당한다.

이처럼 진화생물학자들은 자연선택 메커니즘을 전가의 보도처럼 휘두르지만 이에 기반해 새로운 종이 생성되었다는 것을 입증하는 사례는 없다. 과거 160년 동안 단 한 건도 제시하지 못하고 있다.

영국 내 대기 정화법이 효력을 발휘한 1960년대 이후에는 흰색 가지나방이 다시 자주 관찰된다고 보고되고 있다. 자연선택 메커니즘이 다시 작용한 것이지만 역시 신종이 아니다.

2016년에 영국 리버풀대 일릭 사케리(Ilik Saccheri) 교수 연구팀이 두 가지나방을 분자생물학적으로 연구한 결과 흰색 날개 나방에 '코텍스' 유전자가 추가되어 검은색 날개 가지나방이 생성되었다는 것을 밝혀냈다. 일종의 돌연변이가 일어난 것을 실험으로 확인한 것이다. 분자 수준의 연구가 개체 수준의 연구와 집단 수준의 연구 결과를 서로 확인해 주는 상호 보완적인 연구가 된 좋은 사례이다.

3.27 옥수수를 이용한 '일리노이 장기 인공선택 실험'

미국 일리노이 대학에서 1896년부터 현재까지 무려 120년 넘게 옥수수를 농장 환경에서 인공선택하는 작업이 계속되고 있다(Illinois Long-term Selection Experiment). 이 실험에서는 옥수수의 오일 양과 단백질 양을 증가 또는 감소시킬 목적으로 양 방향으로의 인공선택을 매년 하고 있다. 실험을 시작한 1896년에는 옥수수의 오일 함량이 5%였는데, 매년 오일 함량이 많은 것을 인공선택한 결과 100년 후에는 오일 함량이 20%까지 상승했다. 그 후 10년 동안 최대 23%까지 상승하다가 더 이상 상승하지 않는 결과를 얻었다. 오일 함량이 포화된 것이다.

이 실험은 종 진화(신종분화)를 확인하기 위한 실험은 아니고, 옥수수 품종 개량과 식물 유전학 연구가 목적인 실험이다. 그러나 종 진화(신종분화) 실험이라고 해도 손색이 없다. 120년 동안 인공선택을 해서 얻은 옥수수 종 변이의 오일 함량이 20%가 되었지만 옥수수는 여전히 옥수수다. 참고로 우리가 먹는 노랑 콩(Soybean)의 오일 함량은 20% 정도이다. **120년 동안 인공선택을 한 결과 얻어진 옥수수 변이의 오일 함량이 콩과 같은 수준이 되었지만 옥수수가 콩 종이 되지는 않았다.**

3.28 실험실 신종분화(종 진화) 실험에 대한 규제가 전혀 없다

1972년에 미국 스탠퍼드 대학의 폴 버그(Paul Berg) 팀이 재조합 DNA 기술을 처음으로 발명했다. 그 팀은 당시 여러 실험실에서 발명된 다양한 분자생물학 기술을 집대성하여 재조합 DNA 기술을 탄생시켰다. 그들은 원숭이 바이러스인 SV40 DNA 조각을 대장균에 출입이 자유로운 셔틀 DNA(플라스미드)에 연결하여 자연에는 존재하지 않는 인공적인 재조합 DNA를 갖는 대장균을 제조했다.

그 당시에는 암을 유발할 수 있는 유전자를 가진 바이러스를 한창 연구하던 때였다. 만약 어느 연구팀이 암을 일으키는 유전자를 대장균에 집어넣는 실험을 성공했다고 하자. 이 대장균이 사고나 다른 이유로 실험실을 벗어났을 경우 상황이 걷잡을 수 없게 될 것이라는 우려가 있었다.

1975년에 과학계는 재조합 DNA 기술을 사용하는 실험실에 대한 규제가 필요하다는 의견을 냈고, 각 정부는 이것을 법으로 만들었다. 재조합 DNA 기술을 사용하는 실험실에 대한 물리적인 격리 시설(음압 시설) 설치와 재조합 DNA 기술에 사용된 생물이 만약 실험실을 벗어났을 경우 생존이 불가능하게 하는 생물학적인 격리를 적용하게 하였다. 이 규제는 현재도 적용된다.

현재 분자생물학 기술을 사용하는 실험실에는 또 다른 규제가 있다. 그 것은 유전자 변형 생명체(GMO)에 대한 규제이다. GMO는 재조합 DNA 기술로 인해 필연적으로 탄생할 수밖에 없는 생명체이다. 우리는 어떤 기술이 경제적 가치를 창출한다면 그것을 이용하는 걸 거부하기가 무척 어렵다. 이 기술은 기존 생명체가 자연에서는 갖지 않는 새로운 기능을 갖는 돌연변이를 만드는 것이다(Gain of Function Mutant).

농작물에 제초제에 대한 내성을 증가시키는 기능을 삽입하거나 어떤 바이러스가 세포에 침투를 잘 할 수 있게 바이러스 스파이크 부위를 변형시키는 것이 그 예이다. 전자는 농업 분야와 관련이 있고, 후자는 생물 무기와 관련이 있다. 전자에 대한 우려는 다량의 제초제 사용을 유도함으로써 발생하는 환경 오염이고, 후자는 무차별 살상을 일으키는 생물 무기가 개발될 수 있다는 것이다. 이런 우려와 위험성 때문에 GMO는 연구, 생산, 사용, 보급에 있어서 특별 감독과 정부의 규제를 철저히 받는다.

이런 상황에 비추어 신종분화(종 진화) 실험을 고찰해 보자. 만약 어떤 실험실에서 신종분화(종 진화) 실험을 했는데 성공했다고 생각해 보자. 노랑초파리로부터 만들어진 새로운 초파리가 밖으로 나오면 생태계 균형을 깰 수 있고, 생쥐로부터 만들어진 슈퍼 쥐가 외부에 유출되면 그 파급효과는 상상을 초월할 것이다.

그런데 과학계나 정부나 시민 단체 모두 이 문제에 대해서 조용하다. 이것은 무엇을 뜻할까? 진화생물학자를 포함해서 우리 모두는 이 신종 발생이 실험실에서 일어날 수 없다는 것을 알고 있다는 것이다. 실험실 신종분화(종 진화) 실험의 성공을 염려할 필요가 전혀 없다. 왜냐하면 절대 일어날 수 없는 일이기 때문이다.

3.29 대장균을 가지고 10년에 걸쳐 수행한 실험실 신종분화(종 진화) 실험

1988년 2월 24일 당시 어바인에 있는 캘리포니아 대학 교수였던 리치 렌스키(Rich Lenski) 교수는 인공적인 실험 조건하에서 대장균(*Escherichia coli*) 종을 이용해 새로운 종을 만들기 위한 야심 찬 실험을 시작했다.

모든 진화론자들은 이런 인공적인 신종분화(종 진화) 실험에 대한 유혹에 빠진다. 새로운 종의 탄생이 자연에서 일어난다고 믿는 그들이 실험실에서 그것을 재현하지 못한다는 것이 그들을 무척 괴롭히기 때문이다. 다른 한편으로는 만약 누군가 이런 새로운 종 탄생 실험을 실험실에서 재현하고, 그 메커니즘을 밝히고, 그래서 종 진화(신종분화)에 대한 일반화된 법칙을 확립한다면, 160년 전 찰스 다윈의 업적과는 비교되지 않을 과학사적 족적은 물론이고 인류 문명사에 큰 업적을 남기는 일이 된다.

늦었지만 진화론자들이 이런 실험을 시작했다는 것은 내가 보기에 고무적이다. 그러나 다른 한편으로는 이런 기본적이고 근본적인 실험을 지금에 이르러서야 한다는 것 자체가 그동안 종 진화(신종분화)에 대한 실험실 증명이 되지 않았다는 것을 간접적으로 나타내는 것이다.

리치 렌스키는 대장균 12마리를 12개의 삼각 플라스크(Erlenmeyer Flask)에서 키우기 시작했다. 이때 플라스크에 있는 대장균이 영양분으로 사용하는 포도당을 극히 적은 양만 공급했다. 제한된 포도당으로 인공선택을 시도한 것이다. 플라스크에 있는 수십억 마리의 대장균들은 제한된 포도당을 다른 대장균보다 먼저 먹기 위해서 치열한 생존 경쟁을 한다. 이런 경쟁에서 포도당을 먼저 취한 대장균은 살아남는다. 그리고 살아남은 대장균은 다음 날 새로운 플라스크에 옮겨져서 또다시 경쟁한다. 이렇게 매일 계대배양(삼각 플라스크에서 다 자란 대장균의 극히 일부를 새로운 먹이가 있는 새 삼각 플라스크에 옮기는 작업)을 계속하여 먹이가 부족함에도 불구하고 자라는 대장균을 인공적으로 선택한다. 이때 대장균은 하루 사이에 개체 수가 100배 정도 증가한다. 하룻밤에 세대 수로는 약 7세대가 흘러간다. 영양분이 부족하므로 영양분이 충분할 때보다 늦게 자란다. 보통 영양분이 충분하면 1세대에 걸리는 시간이 20여 분 정도이고, 하룻밤 사이에 수백 세대를 거치게 된다.

마침내 처음 사용한 대장균의 33,127세대 후손 중 한 마리가 특이하게 행동하는 것이 목격된다. 이 실험을 시작한 후 10년이 되는 시점이다. 12개의 플라스크 중 하나가 뿌옇게 변했다. 개체 수가 예상보다 훨씬 많아진 것이다. 여전히 포도당 양이 충분하지 않으므로 이렇게 많이 자라는 것은 기대하기 힘든 현상이다. 특이하게 행동하는 대장균을 분석해 봤다. 포도당이 제한된 대장균 먹이를 만들 때 산도(pH)를 일정하게 유지하기 위해 사용한 사이트레이트(Citrate)를 먹는 대장균이 나온 것이다. 리치 렌스키는 이 대장균을 *Escherichia erlenmeyeri*라고 재밌게 명명했다. 엘렌마이어 플라스크에서 새로이 만들어진 대장균이라는 뜻이다. 렌스키는 자의적으로 이것이 새로운 종인 것처럼 종 명을 부여했다. **그러나 이것은 새로운**

종이 아니고 돌연변이체에 불과하다.

대장균이 갖고 있는 염색체를 구성하는 약 5백만 개의 DNA 염기서열은 매 세대를 지나며 복제를 하는데, 이때 DNA 복제 효소가 복제를 정확히 하지 못해서 나오는 돌연변이가 약 3만 세대가 지나는 동안 누적되어 사이트레이트를 먹이로 취하는 돌연변이체가 나온 것이다.

이 결과를 본 다른 진화생물학자들도 이것을 새로운 종의 탄생으로 확대 해석하지 말아야 한다고 말하고 있다. 그 이유는 무성 생식을 하는 대장균 같은 미생물에서 종의 정의를 내리기는 매우 까다롭기 때문이다.

이 실험 결과가 발표된 이유는 그 과정 속에서 돌연변이가 발생했기 때문이다. 만약에 돌연변이라도 발견되지 않았다면 과학 잡지에 발표되지 않았을 것이다. 어떤 진화생물학자는 진화생물학 분야에서는 부정적인 결과(실험실 신종분화 실험을 했는데 신종이 발견되지 않은 결과)를 실어 주는 잡지를 따로 만들어야 한다고 주장한다. 나도 이에 동의한다. **그러면 실험실에서 종 진화(신종분화) 실험을 아무리 시도해도 불가능하다는 것을 좀 더 빨리 알 수 있을 것이다. 왜냐하면 신종분화(종 진화)는 자연에서도 실험실에서도 일어나지 않는 초자연적인 일이기 때문이다.**

렌스키 박사는 돌연변이를 일으키는 요인으로 DNA 중합효소가 내재적으로 가지고 있는 돌연변이율만을 이용한 것이다. 이런 이유로 10년이라는 실험 기간이 걸린 것이다. 앞으로 이런 것과 비슷한 실험을 계획하고 있는 진화생물학자가 있다면 내가 그들에게 도움말을 하나 건네고 싶다. 계대배양을 하면서 인공선택을 할 때 돌연변이율을 높이는 인공적인 조작을 가미하라는 것이다. 돌연변이 유발 화학물질, 자외선, X선, 방사선들을 적당한 양으로 처리하면 돌연변이율이 증가된다. 10년 넘게 이런 실험을 하지 않아도 1개월이나 일주일 안에 이런 결과(단순 돌연변이체)를 쉽게 얻을 수 있다.

3.30 노랑초파리를 이용한 실험실 신종분화(종 진화) 실험

다이앤 다드(Diane Dodd)는 1989년에 노랑초파리를 사용하여 이소성 신종분화 과정을 모방한 실험을 했다. 이소성 신종분화는 원래 하나의 종에 속한 개체들이 어떤 이유로 지역적으로 분리되어 오랫동안 살게 되면 다른 환경에 의해 자연선택을 받아 두 개의 새로운 종으로 분화한다는 주장이다. 이소성 신종분화 이론은 동소성(同所性) 신종분화(Sympatric Speciation) 이론과 유전적 부동 이론과 함께 현재 종 진화(신종분화)를 일으키는 유력한 이론으로 받아들여지고 있다.

다드는 노랑초파리 암수 두 쌍으로 실험을 시작했다. 한 쌍의 초파리에는 먹이로 엿당(Maltose)을 주고, 다른 쌍의 초파리에게는 녹말(Starch)을 먹이로 주면서 두 개의 다른 우리에서 번식을 시켰다. 먹이가 다른 환경에서 초파리는 1년 동안 세대를 거듭하여 각각 배양됐다. 노랑초파리 한 세대가 약 2주이므로 약 27세대를 격리해서 키운 것이다. 이후 우리에서 암수 한 마리씩을 각각 꺼내서 그들이 짝짓기를 하는지 못 하는지를 조사했다. 만약 엿당 우리에서 자란 암컷과 녹말 우리에서 자란 수컷이 짝짓기를 못 한다면 생식분리를 이룬 것이고 결과적으로 신종분화(종 진화)가 이루어진 것으로 볼 수 있다. 만약 그렇다면 이소성 신종분화가 종 진화(신종분화)를 일으키는 메커니즘이 되는 것이다. 다윈의『종의 기원』이 발간된 후 130년이 지난 후의 실험이다.

이 실험에서 먹이가 다른 우리에서 각각 꺼낸 암수 초파리는 서로 짝짓기를 전혀 못 하는 것은 아니고 짝짓기율이 야생형의 그것보다 떨어지는 것을 발견했다. 진화생물학자들은 이 결과를 보고 신종분화(종 진화)가 완전히 이루어진 것은 아니지만 짝짓기율이 떨어진 것에 만족한다는 생각을 하게 되었다. 처음 실험에서 분명한 결과를 얻는 경우도 있지만 대부분의 실험은 그렇지 않다. 기대치에 못 미치는 결과가 나오면 실험 조건을 수정하고 최적화하면 최종적으로 종 진화(신종분화) 결과를 얻을 수 있을 거라 기대하는 것은 당연하다. 그러면 왜 짝짓기율이 떨어졌을까? 신종분화(종 진화)의 초기 단계가 일어난 것일까?

여기에 대한 답은 2010년 유진 로젠버그(Eugene Rosenberg)에 의해 설명됐다. 그는 그들의 먹이가 그들과 공생하는 장내 세균을 다르게 하고 이것이 결국 페로몬 합성을 다르게 하여 짝짓기율을 감소시킨다는 것을 밝혔다.

결국 다드의 실험 결과는 신종분화(종 진화)의 시작이 아니고, 단지 몸에서 나는 냄새가 상대방에게 매력적으로 느껴지지 않아서 짝짓기율이 떨어진 것이다. 이 사실은 다드가 처음 실험 결과를 발표한 지 21년이 지나서 밝혀진다.

이 실험 외에도 노랑초파리를 이용한 신종분화(종 진화) 실험을 실험실에서 인공적으로 많이 했을 것이라 생각된다. 이 실험 후 30년 동안 현재까지 노랑초파리를 이용하여 성공적으로 생식분리를 확립하여 신종분화

(종 진화) 실험에 성공했다는 보고는 없다. 노랑초파리를 포함해서 파리목 초파리과에 속한 종은 3,000여 종에 달한다. 3,000여 종이 자연에서 각자 자기 종 안에서 생식을 한다. **집파리는 집파리이고, 쉬파리는 여전히 쉬파리이다.**

3.31 종 진화론을 지지한다는 인공선택 실험들

2011년에 출간된 『하버드 교양 강의: 하버드생들은 무엇을 배우는가?(The Harvard Sampler: Liberal Education for the Twenty-First Century)』(Jennifer M. Shephard 편집)라는 책이 있다. 이 책은 하버드생들이 듣는 하나의 교양 과목의 교과서다. 총 11장으로 구성되어 있다. 종교의 자유, 미국 문학, 인터넷, 도덕에 이르기까지 다양한 주제를 포함한 책이다.

이 책의 한 챕터가 진화론에 관한 것이다. 그 장의 제목은 '생물학을 진화 관점에서 보지 않으면 말이 되는 것이 하나도 없다: 패턴, 과정, 그리고 증거(Nothing in Biology Makes Sense Except in the Light of Evolution: Pattern, Process, and the Evidence)'이다. 참고로 "생물학을 진화 관점에서 보지 않으면 말이 되는 것이 하나도 없다"는 말은 1940년대 저명한 진화생물학자 테오도시우스 도브잔스키(Theodosius Dobzhansky)의 유명한 말을 인용한 것이다. 부제목을 '패턴, 과정, 그리고 증거'로 뽑은 것을 보면 이 장에서 진화에 대한 증거를 제시하는 것이라고 생각하게 한다.

이 장에서는 자연선택에 의해 (종) 진화가 되었다는 증거로서 두 개의 예를 들고 있다. 하나는 노랑초파리의 강모(초파리의 몸에 난 털)의 수를 가지고 인공선택한 실험이고, 다른 하나는 집쥐(Rat)를 미로 시험 결과로 인공선택한 것이다.

노랑초파리 강모의 수는 어떤 개체는 많고 어떤 개체는 적다. 이유는 변이 때문이다. 실험자는 강모가 많은 암수 개체를 선택하여 교배시켰다. 그러면 강모가 많은 자손이 나온다. 이것은 강모 수를 결정하는 것이 유전자라는 것을 나타낸다. 이와 동시에 강모 수가 적은 것도 같은 방식으로 인공선택을 했다. 이렇게 15세대를 연속으로 강모 수가 많은 것과 적은 것을 각각 인공선택했다. 15세대 이후 노랑초파리는 두 개의 개체군이 확연히 구별되었다. 강모 수가 많은 초파리 집단과 강모 수가 적은 초파리 집단으로 나누어진 것이다. 이것은 1918년 실험 결과이다.

이는 강모 수가 많은 것과 적은 것 두 가지 형질로 인공선택을 한 결과 극단적인 변이가 발생한 것이다. 하지만 이것이 종 진화(신종분화) 결과가 될 수는 없다. 90년 전 실험 결과를, 그것도 종 진화(신종분화)가 아니고 변이 발생을 하버드 교양 강좌 교과서에 넣어 그들에게 종 진화론을 교육한다는 사실이 쓴웃음을 자아내게 한다. 마술사는 우리를 감쪽같이 속이는 것을 직업으로 한다. 진화생물학자는 마술을 부린다. 우리가 속기를 바란다.

두 번째는 집쥐를 미로에 넣어 학습 능력을 시험하는 것으로 인공선택한 실험이다. 미로의 한쪽 끝에 먹이를 두고 이것을 잘 찾아가는 영리한 집쥐를 7세대 동안 인공선택한다. 한편 미로를 잘 못 찾는 우둔한 집쥐도 7세대 동안 인공선택한다. 그러면 7세대 후에 영리한 집쥐와 지능이 부족한 집쥐 두 개의 개체군으로 확연히 분리되는 것을 관찰하게 된다. 로버트 트라이온(Robert Tryon)이 1940년에 한 실험이다. 이것도 두 개의 극단의 변이가 발생한 것이지 인공선택에 의한 신종분화(종 진화) 실험은 아니다.

위 두 개의 실험을 종 진화의 증거로 제시하는 것이 가능할까? 아니다. 노랑초파리는 15세대를 인공선택했지만 여전히 노랑초파리이다. 집쥐도 7세대를 인공선택했지만 집쥐를 벗어나지 못하고 있다. 이것은 인공선택으로 두 가지 편차가 큰 형질의 변이를 찾아낸 것이다.

인공선택 실험으로 종 진화(신종분화)를 주장하려면 노랑초파리가 집파리가 되고, 집쥐가 햄스터가 되는 것을 보여줘야 한다. 진화생물학자들에게 속아 넘어가는 일은 없어야 한다. 그러나 속아 넘어가지 않기가 여간 쉽지 않다. 하버드 대학 학생들도 속기 때문이다. 세계 최고의 마술사가 마술을 부리는데 우리 모두 속아 넘어가는 것은 당연한 것이 아닌지 모르겠다.

3.32 종 진화론은 지난 160년 동안 '의심의 혜택'을 받아 왔다

형사법에 '무죄추정의 원칙(Benefit of Doubt)'이 있다. 직역하면 '의심의 혜택'이다. 혐의를 받는 사람이 범죄 의심을 받을 만한 상황이 있더라도 그것을 그 사람에게 유리하게 해석한다는 것이다. 의심의 혜택을 혐의자에게 먼저 주고 재판 과정에서 증거로 시시비비를 가려 보자는 것이다. 혐의를 받는 사람이 재판 중에 '합리적인 의심의 여지를 넘어선 입증 증거(Proof Beyond a Reasonable Doubt)'가 인정되면 판사나 배심원들에 의해 유죄를 선고받는다.

자연과학에 적용되는 규칙은 형사법과 정반대이다. 어떤 가설이나 이론이 처음 소개될 때 의심의 혜택을 받는 것이 아니고, 의심에 의심을 더한 '증폭 의심'을 받는다. 만약 어떤 가설이나 이론이 처음 주장되었다고 하자. 전 세계의 그 분야 과학자들로부터 혹독한 테스트를 받는다. 모든 것을 먼저 의심부터 하고 시작한다. 새 가설이나 이론을 주장하는 사람은 이런 의심과 비판에 납득할 만한 답을 제시해야 한다.

초기에 이런 시험대를 통과했다고 끝난 것이 아니다. 시간이 지남에 따라 다른 과학자들이 수행한 실험 결과가 처음 이론과 가설에 일치해야 한다. 형사법에 있는 시효가 과학에는 없다. 다른 사람의 실험 결과가 최초의 가설이나 이론에 일치하면 동료의 논문에 피인용되고, 이것이 누적되면 흔들리지 않는 견고한 이론으로 탄생하게 된다.

이론이 한동안 사실로 인정되다가도 자연현상을 더 잘 설명하는 가설이나 이론이 나오면 기존의 것은 즉시 새 이론과 가설로 대체된다. 기존의 이론은 항상 비판에 시달리면서 그 이론이 더 정교해진다. 아직 의문으로 남는 것은 어떤 실험을 통해서 그 의문에 대한 답을 얻을지를 고민한다.

나는 160년 전에 발표된 다윈의 종 진화론이 오류투성이인데도 불구하고 왜 지금까지 그 이론을 금과옥조로 여기는지 이해하기 매우 어렵다. 현재 원래 다윈의 종 진화론은 표면적으로는 현대합성으로 재포장이 되었다. 그러나 그 주장은 동일하다. 자연선택으로 종 진화가 일어났고, 지금도 일어나고, 앞으로도 일어난다는 것이다.

"종 진화론은 맞다"라는 주장에 많은 의심이 있는데, 이 의심을 종 진화론에 유리하게 해석한다. 그것이 사실이 아니라는 '합리적인 의심의 수준을 넘는 증거'가 많은데도 불구하고 '의심의 혜택'을 여전히 받고 있다. 다른 과학적인 이론과 가설이 받는 대우를 생각하면 형평성에 많이 어긋난다.

160년 전에 다윈이 종 진화론을 주장할 때는 기독교가 강자였고 과학이 약자였다. 이런 이유 때문에 그런 혜택을 받았는지 모르겠다. **하지만 지금은 오히려 과학이 강자이다. 종 진화론은 이제 160년 전에 가졌던 여린 모습을 버리고 당당히 다른 과학 이론과 같이 홀로서기를 해야 한다.** 그러기 위해서는 종에서 종으로 진화했다는 종 진화론이 엄밀한 실험으로 증명되어야만 한다. 만약 이것을 못 한다면 종 진화론은 과학이 아니고, 하나의 소설일 뿐이다.

3.33 생명의 기원과 종의 기원과의 관계

　종 진화론은 생식 중 우연히 발생한 다양한 변이가 자연선택이라는 힘에 의해서 새로운 종이 된다는 것이다. 현재 지구상에 존재하는 수천만의 종이 종 진화로 우연히 생성되었다면 지구상에 최초의 생명(Life)도 자연현상 중에 우연히 생성된 것이라고 봐야 한다. 즉, 생명의 기원과 종의 기원은 분리될 수 없다. 종의 기원이 자연에서 우연히 일어난 것이라면 생명의 기원도 자연에서 우연히 일어났다고 볼 수밖에 없다.

　생명의 기원에 대한 실험은 1953년 스탠리 밀러(Stanley Miller)에 의해 이뤄졌다. 그는 메탄가스, 암모니아 가스, 수소 가스를 플라스크에 섞고 여기에 뜨거운 수증기를 넣으면서 전기 방전을 시켰다. 그는 이런 상태가 원시 대기라고 생각하고 이를 실험실에서 모방했다. 그 후 용액에 있는 물질을 조사한 결과 글라이신, 알라닌, 아스파르트산 등 몇 개의 아미노산이 합성된 것을 발견했다. 그는 그 후에도 1999년까지 이런 실험을 계속했다. 합성된 유기물을 동정하는 기기의 발전과 함께 그는 비슷한 실험에서 더 많은 종류의 아미노산과 유기물이 합성된 것을 확인했다.

　스탠리 밀러의 실험은 내가 보기에 매우 잘 설계된 실험이다. 단순하게 원시 대기를 모방하여 실험하고 결과가 나오면 그 결과의 의미를 쉽게 해석할 수 있는 실험이다. 원시 대기를 모방한 모방실험, 과장실험, 가속실험의 요소가 다 들어 있는 실험이다. 획득형질이 유전되는지 안 되는지를 확인하기 위해서 한 아우구스트 바이스만의 쥐 꼬리 실험을 연상시킨다.

그러나 위 실험 결과를 토대로 생명의 기원이 원시 대기에서 전기화학적으로 생성되었다고 주장하는 것은 오류이다. 아미노산은 광학적 성질이 다른 두 가지가 있다. D-형태와 L-형태가 그것이다. 그런데 지구상 모든 생물의 세포에 있는 단백질을 구성하는 아미노산은 모두 L-형태로만 구성된다. 밀러의 실험에서는 두 가지 형태의 아미노산이 만들어졌다.

어느 특정한 아미노산의 D-형태와 L-형태는 둘 다 광학 활성이 있고 서로 광학 이성질체이다. L-형태의 광학 활성 아미노산은 광학 활성이 있는 환경에서만 특이하게 만들어질 수 있다. 자연에서 우연히 무작위로 아미노산이 만들어진다면 D-형태와 L-형태가 반반씩 섞여 나올 수밖에 없다. L-형태의 아미노산만 만들어 졌다면 여기에 어떤 힘이 작용한 것이다. 예를 들어 동전을 1,000번을 던지면 앞면이 약 500회 뒷면이 약 500회 나올 것으로 기대된다. 만약 앞면만 1,000회 나왔다면 여기에 어떤 힘이 작용한 것이다. 이 힘이 7차원에서 일을 하시는 창조자의 힘이라고 볼 수 있다.

이런 이유로 스탠리 밀러의 실험은 의미가 없는 것이다. 그 실험 환경 자체가 광학적 활성이 없기 때문이다. 광학적 활성이 있는 환경에서만 광학적 활성 물질이 만들어질 수 있다. 후속 실험이 진행되어 후에 30여 종의 아미노산이 합성되었지만, 생명의 기원과는 거리가 먼 실험 결과이다. 그가 노벨상 수상자 후보에 몇 차례 추천이 되었지만, 노벨상을 받지 못한 이유이기도 하다. 노벨상 수상을 못 한 것과 다른 사람에 의한 그 후속 실험이 뒤따르지 않은 것은 그가 한 실험이 별로 의미가 없다는 것을 방증한다. 결국 생명의 탄생을 모방실험으로 재현하려는 그의 실험은 실패한 것이다.

실험실 모방실험을 통해서 20가지의 L-형태만의 광학 활성이 있는 아미노산을 만들었다고 가정하자. 그다음 문제는 이것이 어떻게 연결되어 단백질이 되는지 재현해야 한다. 이것을 재현한 실험은 시행된 적도 없고, 현대 과학으로 실험을 어떻게 해야 할지 아이디어가 전혀 없다. 속된 말로 멘붕이다.

DNA, RNA를 구성하는 당, 인산, 염기들이 각각 자연에서 자발적으로 우연히 합성되어야 하고, 이 세 가지 화합물이 결합해서 뉴클레오타이드가 만들어지는 것을 확인하는 실험도 시도된 적 없고, 어떻게 실험을 해야 할지에 대한 아이디어가 전혀 없다. 생명의 기원은 과학적인 방법으로 실험을 통해서 재현할 수 없다. 자연적인 일이 아니고 초자연적인 일이기 때문이다.

단백질과 DNA도 광학 활성이 있다. 그러므로 이 물질도 자연에서 우연히 만들어질 수 없다. 광학 활성이 있는 환경에서 만들어져야 한다. 창조자가 개입한 환경이 광학 활성이 있는 환경이라고 말할 수 있다.

찰스 다윈의 『종의 기원』 책은 종의 기원에 대한 내용을 대부분 다루지만, 생명의 기원에 대해서는 창조자(Creator)를 인정하는 말로 책을 마무리하고 있다. 다윈은 아마도 생명은 창조자가 창조하고 거기에서 발생한 수 많은 생물 종은 종 진화라는 자연법칙에 따라 생성된 것으로 보는 듯하다.

'종 진화가 자연의 법칙이고, 그 자연법칙을 창조자가 창조했다'는 주장하는 사람이 있다. '진화 창조론' 또는 '유신론적 진화론'이다. 나는 그 이론에 동의하지 않는다. '종 진화가 안 되도록 창조자가 자연법칙을 만들었다'가 나의 주장이다. 만약 종 진화(신종분화)가 자연에서 일어나고 이것을 사람이 재현한다고 생각해 보라. 생각만 해도 끔찍하다. 인간의 탐욕이 얼마나 많은 종을 만들고 그것을 남용할지 두렵다.

생명의 기원과 종의 기원은 따로 국밥이 될 수 없다. 종의 기원이 자연에서 우연히 벌어지는 일이라면 인공적인 실험으로 재현할 수 있어야 한다. 생명의 기원도 자연에서 우연히 생기는 일이라면 실험실에서 생명을 만들 수 있어야 한다. 재현을 못 하더라도 생명이 탄생하는 것을 자연에서 관찰할 수 있어야 한다. 종의 기원에 대한 소설 같은 종 진화론이 있다. 그러나 생명의 기원에 대한 그 어떤 가설조차 없는 것이 사실이다. 종과 생명의 기원은 초자연적인 창조자의 작업이었기 때문이다.

3.34 연금술과 종 진화론: '무식하면 용감하다'

현재 주기율표에 있는 원소는 118개이다. 원자 번호 1번이 수소(H)이고 92번이 우라늄(U)이다. 93번부터 118번 원소까지는 인공적으로 만든 원소이다.

고대 BC 5세기 엠페도클레스(Empedocles)가 4원소 이론을 주장했다. 이 이론은 세상에 존재하는 모든 물질은 물, 불, 공기, 흙 네 가지 기본 원소의 배합에 의해서 만들어진다는 이론이다. 약 1세기 후 BC 4세기 아리스토텔레스(Aristoteles) 시대에는 4원소 이론이 약간 변형되었지만 근본 내용은 같았다. 중세 초기에 사람들은 아리스토텔레스의 4원소설에 근거해서 모든 물질은 서로 변환이 가능하다고 생각하였다. 이 생각이 연금술을 탄생시켰다. 자비르 이븐 하이얀(Jabir Ibn Hayyan)을 중심으로 중세 후반 유럽의 연금술사들은 모든 금속은 황과 수은으로 구성되었다는 황-수은 이론을 주장했고, 그들은 납으로 금을 만들 수 있다고 믿고 실험했다.

연금술사들의 꿈은 실현되지 않았지만 그들의 노력은 18세기 화학 발전에 매우 중요한 기여를 했다. 1803년에 돌턴은 원자론을 주장했다. 이 이론은 모든 물질은 더 이상 쪼갤 수 없는 원자들로 구성된다는 것이다. 그후 톰슨이 전자를, 러더퍼드는 원자핵을, 채드윅은 중성자를 발견했다. 그리고 마침내 118개의 원자로 구성된 주기율표가 완성되었다.

그런데 지금도 중세 연금술사들의 주장처럼 납을 금으로 만들 수 있다거나 수소 원자가 저절로 산소 원자로 된다고 믿는다면 너무나 어처구니없는 말이 된다. 중세에 무식해서 연금술을 믿었던 것은 불가피했다. 하지만 지금은 연금술을 하나의 이론이나 가설로 주장할 수 없다.

찰스 다윈이 『종의 기원』 책을 출판한 1859년 당시, 다윈이 갖고 있던 유전학설은 무엇이었나? 히포크라테스가 주장했던 범생설이었다. 몸의 각 부분에서 제뮬이라는 씨앗들이 생식기관으로 모여들어 생식세포에 들어가고 이 형질들이 다음 자손에게 전해진다는 주장이다. 이 범생설은 중세 연금술사들이 믿었던 4원소설에 비유될 수 있다.

찰스 다윈은 이 범생설을 마음에 두고 여러 가지 생물을 관찰하고 종 진화를 주장했다. 대략 대장균, 효모, 예쁜꼬마선충, 노랑초파리, 생쥐, 침팬지, 사람 순으로 종 진화가 되었다고 주장했다. 종 진화론은 중세 연금술처럼 중세스러운 주장이다. 연금술이 현대 화학으로 사실이 아닌 것으로 입증된 것처럼 종 진화론도 현대 생물학 방법으로 이미 사실이 아닌 것이 판명되었다.

그것은 생물 종도 수소 원자와 산소 원자처럼 초자연적으로 만들어졌기 때문이다.

20세기 초까지 종 진화론을 주장하고 그것이 사실이라고 생각했던 것은 그때 당시 우리가 갖고 있던 생물 지식을 고려하면 그럴 수 있다. 그러나

22세기 초에 종 진화론을 버리지 못하고 계속 논쟁하는 사람이나 학자들은 '무식하면 용감하다'는 말을 들어도 싸다.

대장균은 우주 창조부터 지금까지 대장균이다. 생쥐도 마찬가지이다. 사람도 앞으로 계속 사람으로 존재할 것이다. 그 생물이 멸종하지 않는다면…

3.35 자연에서 관찰도 못 하고 인위적으로 실험도 못 하는 세 가지 사건: 원소를 포함한 우주 탄생, 생명의 탄생, 그리고 종의 탄생

종 진화(신종분화)로 인해서 자연에서 박테리아가 가장 복잡한 사람으로 진화되었다는 것은 자연계에서 가장 단순한 수소 원자가 우라늄 원자로 자연적으로 변화되었고 변화되고 있다고 주장하는 것과 매우 흡사한 주장이다.

수소, 질소, 산소 원소는 우주 창조 때 일회적으로 생성된 것이다. 질소가 산소로 진화된 것이 아니다. 이처럼 지구상의 종들도 창조된 것이고 하나의 종에서 다른 종으로 변한 것이 아니다.

수명이 100억 년 되는 별의 소멸과 생성도 자연에서 반복되고 그것이 관찰된다. 별이 수소 원자의 핵융합 반응이라는 것을 아는 이상 별의 생성과 소멸의 인공적인 재현도 가능하다. 인공 태양 실험이 그것이다.

그러나 인위적으로 재현이 안 되고 동시에 자연에서 관찰이 안 되는 것이 세 가지 있다. 원소를포함한 우주 탄생, 생명의 탄생, 종의 탄생이 그것이다. 우주의 생성에 대한 빅뱅 가설이 있기는 하지만 그것은 소설이다. **우주 탄생에 대한 관찰도, 재현도 못 하고 있다. 생명 탄생도 관찰도 안 되고 재현도 못 한다. 종의 탄생도 마찬가지이다. 그 이유는 세 사건이 모두 초자연적인 사건이기 때문이다.**

진화생물학자들의 말 말 말

4.1 "소진화(변이)는 종의 한계를 넘지 못한다"(1940년)

독일의 리처드 골드슈미트는 평생을 진화론자로 살아온 과학자이다. 그는 1915년부터 25년 동안 집시 나방(Gypsy Moth)을 집중적으로 연구했다. 1940년에 출판한 그의 저서『진화의 물질적 재료(The Material Basis of Evolution)』에서 다음과 같이 말한다.

"소진화가 일어난 사실은 대진화를 이해하는 데 충분하지 않다는 것을 보여주는 것이 이 책의 주요 주장 중 하나이다."

("It will be one of the major contentions of this book to show that the facts of microevolution do not suffice for an understanding of macroevolution.")

"소진화는 종의 한계를 넘지 못한다. 소진화로 인해 발생한 전형적인 산물인 지역적인 특색이 있는 집단은 새로 생기는 종이 아니다."

("Microevolution does not lead beyond the confines of the species, and the typical products of microevolution, geographic races, are not incipient species.")

1.1장에서 말한 대로 소진화는 종 안의 변이이고 대진화는 종 진화(신종 분화)이다. 위 두 문장을 의역하면 **'변이는 종 진화(신종분화)를 발생시키지 못한다'**이다.

그는 자신의 오랜 관찰 결과, 그 당시 신다윈주의자들이 믿고 있던 다양한 변이가 발생하고 그 변이들이 자연선택됨으로써 신종이 발생한다는 점진주의에 정면으로 반기를 든 '바람직한 괴물 가설'을 위 책에서 발표한다 (3.2 참고).

그는 지금으로부터 80여 년 전에 DNA가 어떻게 작용하는지, 유전물질이 무엇인지 모르던 시대에 이런 가설을 주장했다. 실험과 분석 방법이 본격적으로 도입되기 전에 이런 주장을 한 리처드 골드슈미트의 높은 통찰력은 존경을 받아 마땅하다.

이 가설은 만약 새로운 종이 나타나려면 '발생학적으로 조직적이며 동시에 체계적인 복합돌연변이체(Macromutant)가 발생해서 단번에 만들어져야 한다(One Step Speciation)'는 가설이다. 복합돌연변이체를 그는 '바람직한 괴물'이라고 표현했다.

그는 몇십 년 동안 하나의 생물을 집중해서 관찰했고, 종 진화(신종분화)가 일어난 것을 관찰할 수 있기를 희망했다. 그가 완전한 종 진화(신종분화) 증거를 찾지 못했을지라도 새로운 종이 나올 수 있는 아주 작은 낌새라도 목격했으면 하고 바랐을 것이다. 하지만 그는 끝내 종 진화(신종분화)를 목격하지 못했다.

4.2 "다윈은 왜 우리가 존재하는가에 대한 조리 있고 일관성 있는 설명을 한 최초의 사람이다" (1976년)

생태학자이며 진화생물학자인 리처드 도킨스는 1976년에 『이기적인 유전자』라는 책을 출판했다. 그 책은 유전자 관점에서 진화를 보는 내용이다. 이 책은 오랫동안 베스트셀러였고, 지금도 많이 읽히고 있는 책이다. 그 책의 첫 장 '왜 사람인가?(Why are people?)' 첫 단락에 이런 단락이 나온다.

"만약 우주에서 우리보다 우월한 존재가 지구를 방문한다면 그들이 우리들의 문명 수준을 측정하기 위해서 던지는 첫 번째 질문은 '너희들이 진화론을 발견했냐?'일 것이다. 지구상에 생명체가 30억 년 넘게 존재하는 동안 그들은 왜 존재하는가를 모른 채 살아왔다. 그런데 이 질문에 대한 진실한 답이 우리들 중 한 사람에게 나타났다. 그의 이름은 찰스 다윈이다. 공정하게 말하면 이 진리에 대해서 눈치를 챈 사람이 여럿 있었다. 그러나 다윈은 왜 우리가 존재하는가에 대한 조리 있고 일관성 있는 설명을 한 최초의 사람이다. 다윈은 호기심 많은 어린아이들이 갖는 질문에 합당한 답을 하였다. '우리 삶에 의미가 있는가?' '우리는 무엇을 위해 사는가?' '인간이란 무엇인가?'라는 깊은 질문에 답을 할 때 더 이상 미신에 의지하지 않아도 된다. 이런 질문에 봉착하여 저명한 동물학자인 심슨은 다음과 같이 말했다. '내가 말하고자 하는 것은 1859년 전에 했던 위 질문들에 대한 답을 구하려는 시도는 다 헛된 것이기에 1859년 전에 구한 답은 완전히 무시하는 것이 좋다.'"

("If superior creatures from space ever visit earth, the first question
they will ask in order to assess the level of our civilization, is: 'Have they
discovered evolution yet?' Living organisms had existed on earth, with-
out ever knowing why, for over three thousand million years before the
truth finally dawned on one of them. His name was Charles Darwin. To
be fair, others had inklings of the truth, but it was Darwin who first put
together a coherent and tenable account of why we exist. Darwin made
it possible for us to give a sensible answer to the curious child whose
question heads this chapter. We no longer have to resort to superstition
when faced with the deep problems: Is there a meaning to life? What are
we for? What is man? After posing the last of these questions, the emi-
nent zoologist G. G. Simpson put it thus: 'The point I want to make now
is that all attempts to answer that question before 1859 are worthless and
that we will be better off if we ignore them completely.'")

다윈의 진화론이 종교화가 된 것을 나타낸 글이다. '우리 삶에 의미가 있
는가?' '우리는 무엇을 위해 사는가?' '인간이란 무엇인가?'라는 답은 과학에
서 찾을 수 없다. 하지만 그는 이런 답을 1859년 이후에 나온 종 진화론에
서 찾을 수 있다는 말을 한다.

다윈에 대한 우상화가 도에 지나치다는 생각이다. 그들은 탈종교를 외

치면서 다윈을 하나의 신적 존재로 내세운다. 1859년에 다윈은 종 진화에 대한 계시를 받고 진리를 깨달았다고 말하는 듯하다.

그들은 종 진화론을 과학의 위치에 놓고 과학적인 방법론으로 치열하게 실험하고 분석하는 것이 아니고 오직 창조론에 맞서기 위해서 진화론이라는 하나의 종교를 만들어 가고 있는 듯하다.

한국에도 리처드 도킨스와 아주 친한 분이 있다. 모 여대 C 교수이다. 이분도 다윈을 거의 신의 반열에 올려놓고 숭배하는 분이다. 그가 이런 말을 한다.

"진화의 개념을 통하지 않고서는 우리 삶의 그 무엇도 의미가 없다."

이 말은 전에 언급한 바와 같이 진화생물학자 테오도시우스 도브잔스키가 한 유명한 말 "생물학을 진화 관점에서 보지 않으면 말이 되는 것이 하나도 없다"는 문장에서 '생물학'을 '우리 삶'으로 대체한 문장이다. 이 표현역시 다윈의 우상화를 부추기는 것이다. 다윈의 진화론은 없어져야 할 이론인데 지금까지 유지되고 있는 이유가 이런 우상화 때문이라는 생각이 든다.

다윈은 19세기에 활동한 과학자 중에서 사물과 현상을 관찰하는 능력이 아주 뛰어났다. 그리고 그 내용을 19세기 과학 수준의 글로 표현하는 능력도 탁월했다. 그는 1839년에 첫 아들을 낳아 키우면서 그를 19세기 방법으로 관찰하여 유아의 발달에 관한 논문을 심리학 잡지에 발표하기도 했다. 『사람과 동물의 감정의 표현』이라는 책을 1872년에 출판했고 1875년에는 『식충 식물』이라는 책을 저술했다. 사망하기 1년 전인 1881년에는 『지렁이에 의한 식물 곰팡이 형성』이라는 책을 냈다. 비글호로 남아메리카 탐험 여행을 마치고 돌아오는 길에 호주 근처를 지나면서 산호초를 관찰하고 1842년에 『산호초의 구조와 분포』라는 책을 출간하기도 했다.

저서의 범위가 여러 분야에 매우 넓게 걸쳐져 있다. 그가 체험하고 생각한 것이 다 저서로 만들어졌다고 해도 과언이 아니다. 그런데 그의 유아의 심리 발달, 사람과 동물의 감정 표현, 식충 식물, 곰팡이 연구, 산호초 연구 결과가 현대 과학적 연구 결과에 부합되는 것일까? 『종의 기원』 책 내용이 현대 과학에 부합되지 않는 것처럼 나는 그렇지 않을 것이라고 생각한다.

개똥철학이란 말이 있다. 표준국어사전에는 그 뜻이 '대수롭지 아니한 생각을 철학인 양 내세우는 것을 낮잡아 이르는 말'이라고 설명되어 있다. 나는 그가 19세기 중후반에 왕성하게 활동한 '개똥 과학'을 한 '개똥 과학자'에 불과하다고 생각한다.

4.3 침팬지 어휘력 4개와 사람의 어휘력 약 10,000개를 '정도의 문제'라고 말하는 진화생물학자 (1977년)

스티븐 제이 굴드가 1977년에 출판한 『다윈 이후(Ever since Darwin)』라는 책이 있다. 이 책은 총 31개의 장이 있는데, 그중 하나의 제목이 '정도의 문제(A matter of degree)'이다.

이 장에서는 1861년에 벌어졌던 오웬(Owen)과 헉슬리(Huxley)의 논쟁을 소개하고 있다. 그 당시 오웬은 "사람이 동물 중에 유일하게 해마(Hippocampus)를 가지고 있기 때문에 사람은 다른 동물과 다른 유일한 존재이다"라고 주장했다. 그런데 논쟁의 상대인 헉슬리는 "침팬지를 포함한 다른 유인원들도 해부학적으로 보면 해마가 있다. 해마는 사람에게만 있는 조직이 아니다. 그러므로 사람과 침팬지는 크게 다르지 않다"라고 주장하였다. 이 논쟁에서 오웬이 패하고 헉슬리가 승리했다고 굴드는 말한다.

굴드는 이 이야기를 필두로 하여 침팬지와 사람 사이에 차이가 나는 것은 정도의 문제일 뿐이라는 자신의 생각을 피력하고 있다. 사람과 침팬지가 해부학적인 모습에서 각 기관들의 크기가 다르고 그들이 성장하는 속도만 다를 뿐이라고 말하고 있다. 언어 능력에서도 침팬지를 훈련시키면 몇 개월 만에 "와서 줘라(come-gimme)" "가자(go)" "더(more)" "마시자(drink)" 네 개의 어휘를 배운다는 주장이다. 사람과 침팬지의 유전적 차이도 크지 않다고 말한다.

4개의 어휘를 구사하는 침팬지와 보통 사람이 구사하는 만 개의 어휘력 차이를 정도의 문제라고 말하는 의도는 무엇일까? 사람만 갖는 예술을 추구하는 본능도 정도의 문제인가? 나는 최대 40개의 어휘, 400개의 어휘, 4,000개의 어휘를 구사하는 유인원은 왜 지구상에 존재하지 않는지 묻고 싶다. 400개의 어휘를 말하는 유인원은 생존과 생식에 어떤 불리함이 있어서 현재 그 동물이 존재하지 않는 것일까?

수소 원자 핵에 있는 하나의 양성자와 산소 원자 핵에 있는 8개의 양성자 차이도 정도의 문제라고 말할 수 있나? 자연에서 침팬지에서 사람으로 종 진화(신종분화)되었다고 주장하는 것은 수소 원자가 산소 원자로 자연에서 스스로 변한 것이라고 주장하는 것과 같다.

정도의 문제가 아니고 침팬지에는 없고 사람에게는 있는 특징들은 내가 여기서 나열하지 않아도 수도 없이 많다. **진화생물학자는 자기가 보고 싶은 것만을 보는 확증 편향에 빠져 있는 것 같다.**

4.4 "진화 이론은 영원히 뜨거운 주제이다" (1977년)

바로 전에 언급한 스티븐 제이 굴드의 책『다윈 이후』에 기술된 내용이다.

"신종분화는 어떻게 일어나는가? 이것은 진화론의 영원한 뜨거운 주제이다. 그러나 대부분 생물학자들은 이소성(異所性) 신종분화 이론을 지지하고 있다."

("How does speciation occur? This is a perennial hot topic in evolution theory, but most biologists would subscribe the 'allopatric theory'.")

1977년에 나온 그의 책에서 **"진화 이론은 영원히 뜨거운 주제이다"**라는 말을 한다. 이 문장을 의역하면 **"진화 이론은 지금 없다. 앞으로도 영원히 없을 것이다"**라는 말과 같다. 여기에서 '영원히'라고 말한 것에 주목할 필요가 있다. 이것은 종 진화 메커니즘이 밝혀지는 것은 영원히 불가능하다는 것을 실토한 것이라고 나는 생각한다. 다윈의 종 진화론이 나온 지 120년이 지난 시점에서 21세기 진화 생물학의 대가인 굴드가 가장 유력한 종 진화 메커니즘이 지엽말단 이론 중의 하나인 이소성 신종분화라고 말하는 것은 쓴웃음을 자아내게 한다.

1989년에 다이앤 다드가 노랑초파리를 사용하여 이소성 신종분화를 모방한 모방실험을 했으나 신종분화(종 진화) 결과는 얻지 못했다(3.30 참

고). 나는 그 후 이소성 신종분화를 모방한 실험이 다수 있었을 것으로 추정한다. 하지만 실험실 이소성 신종분화 모방실험으로 또는 자연에서 한 집단이 지역적으로 분리된 상황에서 종 진화(신종분화)가 일어났다는 보고는 전혀 없다.

4.5 "소진화(변이) 현상을 대진화(종 진화) 현상으로 확대 추론할 수 없다" (1980년)

 전 세계 과학 논문 잡지 중에 가장 권위 있는 것으로 미국에서 발행하는 '사이언스'와 영국에서 발행하는 '네이처'가 있다. 이 두 잡지에는 각 분야에서 대가들의 엄격한 심사를 통해 모든 과학 분야에서 최고의 논문만 발표된다. 매주 발행되는 두 잡지는 과학계의 중요한 소식도 기사 형식으로 전한다.

 1980년 당시 로저 레윈(Roger Lewin)은 사이언스 잡지의 기자였다. 그는 같은 해 '시카고 필드 자연사 박물관(Chicago's Field Museum of Natural History)'에서 열린 한 학회를 취재했다. 그 학회의 주제는 '대진화(Macroevolution)'였다. 그 당시 고고학, 발생진화학, 분자생물학, 진화생물학계에서 내로라하는 대가는 다 참석한 학회였다. 1946년에 미국 프린스턴 대학에서 열린 진화에 대한 학회에서 현대합성(Modern Synthesis)이론이 확립된 이후 개최된 아주 큰 학회였다.

 이 학회를 취재한 로저 레윈 기자는 과학자들이 사용하는 전문적인 말을 사용하지 않고 일상적인 언어로 기사를 썼다. 자신이 이 학회에서 발표된 결과를 보고 또 진화생물학자들이 서로 말하는 것을 듣고 내린 결론이라면서 이렇게 말했다.

"시카고 학회의 가장 핵심적인 질문은 '소진화를 유발하는 메커니즘을 대진화 현상까지 확대하여 추론할 수 있는가'였다. 학회에 참석한 몇 사람의 입장에 충돌할 수 있는 위험을 무릅쓰고 말하자면 이에 대한 대답은 분명히 '아니다'이다."

("The central question of the Chicago conference was whether the mechanisms underlying microevolution can be extrapolated to explain the phenomena of macroevolution. At the risk of doing violence to the positions of some of the people at the meeting, the answer can be given as a clear, NO.")

이 말의 뜻을 분명히 하기 위해 다른 말로 바꾸어 표현하면 **"변이 발생(소진화)은 종 진화(대진화)와 무관하다"** 또는 **"대진화(종 진화)는 분명히 일어나지 않는다"**이다.

그는 "소진화(변이)는 종의 한계를 넘지 못한다"라는 40년 전 리처드 골드슈미트의 말을 반복한다. 다시 반복해서 말하지만 소진화는 종 안의 변이이다.

1940년과 1980년은 단순히 40년 차이가 아니다. DNA가 유전물질이라는 사실, DNA 이중 나선 구조 규명, 유전 암호 해독, mRNA와 tRNA 발견, 재조합 DNA 기술 확립, 염색체 구조 규명 등등 굵직한 발견이 일어났던 기간이다. 이 기간 동안에 생명현상에 관한 근본적인 분자 수준의 메커니즘이 거의 다 규명되었다고 해도 틀린 말이 아니다.

1940년 골드슈미트는 그의 오랜 관찰로부터 나온 통찰력을 통해서 말한 것이다. 1980년 당시 레윈 기자는 종 진화(신종분화)가 일어났다면 그에 대한 분자 수준의 메커니즘을 말할 수 있는 상황인데도 불구하고 이것의 메커니즘을 설명하지 못하는 과학자들을 보고 저널리즘 관점에서 그런 고백을 한 것이다. 저널리즘의 기본 원리인 '사실 확인' '진실 추구' '취재 대상으로부터 독립'이 잘 적용된 기사라고 생각한다.

나는 이런 고백을 기자가 아닌 현대 진화생물학자들에게서 듣고 싶다. 그런데 듣기가 어렵다. 이렇게 직설적이고 평범한 언어로 솔직하게 아닌 것을 "아니다"라고 말하는 것은 과학자의 직업 윤리에 어긋난다고 생각하는 듯하다. 일종의 동업자 정신이다. 자기들만의 리그에서 진화생물학자라는 하나의 직업으로서 적당히 대충 살아 나가겠다는 생각인 것 같다.

현재 이 학회가 열린 지 40여 년이 흘렀다. 혹 시카고 학회보다 10배가 큰 학회가 지금 열린다 해도 레윈 기자가 고백한 것이 되돌려질까? 나는 단호히 "아니다"라고 말한다.

4.6 "우리는 진화론을 단 위에 올려놓고 그것을 예배하지 않는다" (1990년)

스티븐 제이 굴드는 그의 책 『아름다운 생명: 버제스 혈암과 역사의 성질 (Wonderful Life: The Burgess Shale and the Nature of History)』에서 이렇게 말한다.

"우리는 진화론을 단 위에 올려놓고 그것을 예배하지 않는다. 우리는 그것(진화론의 증거)을 찾기 위해 산을 오르고 언덕을 다이너마이트로 폭발한다."

("We do not place them on pedestals and worship from afar. We climb mountains and dynamite hillsides to find them.")

굴드는 기독교인이 창조자를 예배하는 것을 조롱하고 있는 듯하다. 기독교인이 창조자가 우주와 원소들과 사람과 모든 생물을 창조 질서에 따라 만들었다고 믿는 것은 은혜의 영역이다. 진화의 증거를 찾기 위해 고군분투하는 과학자는 과학으로 종 진화(신종분화)를 증명하면 된다. 진화론자가 종 진화를 옹호하기 위해 기독교인들의 신성한 예배 행위를 끌어들이는 것은 성숙한 자세가 아니다.

나도 굴드와 같은 강성 진화생물학자들에게 한마디 하고 싶다. "다윈 이

후 160년간 산에서, 언덕에서 발굴한 뼛조각 몇 개로 풀어가는 인류의 기원에 대한 이야기들은 허공을 치는 주장이며 앞으로 더 이상 설 자리가 없을 것이다. 그들이 산과 언덕에서 찾아낸 뼛조각과 연대 측정 이야기는 분자생물학, 세포생물학, 분자유전학, 발생학, 생식생물학과 전혀 연결고리가 없다. 그러므로 그들의 주장은 우물 안 개구리들의 울음소리에 불과하다."

굴드에게 다이너마이트보다 훨씬 강력한 도구를 하나 소개하고자 한다. 이 책의 3.16에 기술된 가상의 '냉동화석'이 그것이다. 이 냉동화석을 사용하면 굳이 자연을 훼손하면서까지 뼈 조각과 동식물의 화석을 찾으러 다닐 필요가 없다. '머리가 나쁘면 몸이 고생한다'는 말이 괜히 있는 말이 아니다.

그들이 숭배하는 다윈이라는 하나의 신이 탄생한 지 160년이 지났다. 어느 진화생물학자의 고백처럼 35년 후에는 종 진화론이 증명될까? 350년 후에는? 나는 영원히 과학적인 방법으로 종 진화론이 증명이 되지 않을 것이라고 생각한다. 종은 초자연적으로 만들어졌기 때문이다. 지금은 종 진화론 논쟁을 끝낼 때이다.

4.7 "지금은 합당하다고 생각하는 이론들이 크게 바뀔 것은 분명하다…. 나에게 35년이 더 주어지면…." (1998년)

미국 미시건 주립 대학에 명예교수로 있었던 가이 부시(Guy L. Bush) 교수가 있다. 그는 평생 동안 유럽 매자나무에만 기생하며 사는 테프리티드 초파리(*Rhagoletis*)를 연구한 사람이다. 그는 이 초파리를 이용하여 어떻게 새로운 종이 형성되는지를 집중적으로 연구하였다. 이 종을 연구하여 새로운 종이 만들어지는 데 관여하는 유전자를 찾는 시도를 했고, 동소성 신종분화 이론에 따라 실제로 새로운 종이 탄생하는지를 실험하기도 했다. 물론 그가 원하는 결과는 얻지 못했다.

1998년에『끝없는 형태: 종과 신종분화(Endless forms: species and speciation)』(다니엘 하워드와 스튜어트 벌로처 편집) 책이 발간되었다. 이 책의 한 장을 부시 교수가 썼다. 그 제목은 이렇다. '한 진화생물학자의 급진적 생각(The Conceptual Radicalization of an Evolutionary Biologist)'. 이 글은 자신이 대학 시절부터 그때까지 진화생물학자로서 걸어온 길과 그의 업적을 회고하는 형식으로 쓴 글이다. 당시 70세였으니 아마 은퇴하면서 쓴 글이 아닌가 생각한다.

이 글의 마지막 부분에 '미래의 전망(Prospects for the future)'이라는 소제목하에 이런 표현이 나온다.

"과거 1,000년 동안 얻어진 신종분화 과정에 관한 이해의 발전보다 더 많은 진보가 새로운 세기 첫 35년 동안 일어날 가능성이 있다. 그 가능성을 생각하는 것만으로도 나는 흥분된다. 우리가 현재 알고 있는 동물과 식물에서 어떻게 새로운 종이 나오고 진화하는지에 관한 **지금은 합당하다고 생각하는 이론들이 크게 바뀔 것은 분명하다.** 이런 발전이 가까운 미래에 또 하나의 새로운 합성에 편입되어야 한다. **나에게 신종분화 연구에 35년이라는 시간이 더 있었으면 얼마나 좋을까?**"

("More advances in our understanding of the speciation process will likely occur in the first 35 years of the next millennium than were revealed during the preceding one thousand years. The prospect is exciting to contemplate. It is also apparent that some of our most cherished convictions regarding the way animals and plants speciate and evolve are undergoing or will face major revision. In the not too distant future these advances should be incorporated in a new, au courant synthesis. I only wish I could be given another 35 years of research on speciation")

1998년부터 35년 후면 2033년 정도 된다. 그때 현재 이론이 바뀔 것이고 '새로운 합성'이 나올 것이라는 말이다. 여기서 나온 '새로운' 합성은 현대합성이론을 대체하는 새로운 이론을 지칭한다. 현대합성이론은 1942년에 나와서 근근이 지금까지 종 진화(신종분화)를 설명하는 유일무이한 이론이다. 그는 현대합성이론은 곧 휴지 조각이 될 것을 부지불식간에 말한 것이다. 나도 이 예상에 전적으로 동의한다. 현대합성이론은 종 진화(신종분화)를 설명하기에 너무나 턱없는 이론이기 때문이다(3.4 참고).

　35년 후에도 그들은 역시나 종 진화(신종분화)에 대한 이론조차 세우지 못하고 실험도 못 하고 우왕좌왕하고 있을 것이다. 350년 후에도 마찬가지다. 그 이유는 종이 만들어진 것이 초자연적인 일이기 때문이다.

4.8 "신종분화와 다양성(종 안의 변이) 사이에 연결고리가 없다" (2009년)

2009년에 캠브리지 대학 출판부에서 책이 한 권 출판되었다. 『신종분화 그리고 형태의 다양성(Speciation and Patterns of Diversity)』이라는 제목이고, 로저 부틀린(Roger Butlin), 존 브리들(Jon Bridle), 돌프 슈루터(Dolph Schluter)가 편집자였다. 이 3명의 편집자들이 공동으로 그 책의 1장을 직접 썼는데, 1장의 제목을 책 제목과 같이 '신종분화 그리고 형태의 다양성'으로 뽑았다.

1장을 전망(Prospects)이라는 소제목으로 마무리하면서 그들은 이렇게 말한다.

"신종분화와 다양성(종 안의 변이) 사이에 확실한 연결고리는 아직 없다. 그러나 우리에게 새로운 종이 만들어지는 메커니즘에 대한 이해의 발전이 있으면 이 연결고리는 생길 것이다."

("Concrete connection between speciation and diversity are still few, but should grow as our understanding of the mechanism of speciation improves.")

이 말은 1980년 대진화에 대한 시카고 학회에서 "대진화(종 진화)와 소진화(변이)의 연결고리가 전혀 없다"는 고백을 레윈 기자로부터 들은 지 약 30년이 지난 후 발행된 책에서 나온 것이다. 이것은 무엇을 말해 주는가? 이 30년의 기간은 1980년대부터 시작된 재조합 DNA 기술, 이 기술을 이용한 분자생물학, 분자유전학, 세포생물학, 분자발생학, 생식생물학이 꽃을 피운 시기이다. 또한 1990년부터 시작된 인간 게놈 프로젝트가 2003년에 완성되었던 시기도 포함한다. 그리고 2009년은 포스트 게놈 시대를 표방하면서 유전체학, 단백체학, 생물정보학과 같은 새로운 학문이 문을 연 시기이다.

"그러나 우리에게 새로운 종이 만들어지는 메커니즘에 대한 이해의 발전이 있으면 이 연결고리는 생길 것이다"라고 말한 것을 의역하면 **신종분화 메커니즘(Mechanism of Speciation)이 현재 없다**"고 말할 수 있다.

위에서 언급한 같은 책 9장은 올리 시하우젠(Ole Seehausen)에 의해서 집필됐다. 그 장의 제목은 '빅토리아 호수 안의 *Pundamilia* 담수어의 신종분화 과정 중 점진적 형질 분리 단계(Progressive levels of traits divergence along a 'speciation transect' in the lake Victoria cichlid fish *Pundamilia*)'이다.

이 장의 첫 문단의 첫 문장에서 그는 이렇게 말한다.

"신종분화에 대한 메커니즘을 밝히는 것은 진화생물학에서 가장 어려운 문제이다. 그 이유는 아마도 그것을 밝히는 실험을 하기가 쉽지 않은 것과 시계열 해석을 거의 할 수 없기 때문일 것이다."

("Identifying mechanism of speciation has proven one of the most challenging problems in evolutionary biology, perhaps mainly for two reasons, speciation is not readily accessible to experimental approaches, and rarely to time series analysis.")

"신종분화에 대한 메커니즘을 밝히는 것은 진화생물학에서 가장 어려운 문제이다" "실험을 하기가 쉽지 않다"는 표현은 행간을 읽으면 **신종분화(종 진화) 메커니즘이 현재 없고, 신종분화(종 진화) 실험을 못 한다**"는 말과 같다. 인위적인 실험 조건에서 새로운 종이 발생하는 것을 재현할 수 없다는 것은 무엇을 의미할까?

4.9 "실험 방법은 신종분화(종 진화) 메커니즘에 대한 통찰력을 계속 제공하고 있다" (2009년)

　실험동물을 사용한 신종분화(종 진화) 실험은 현재까지 어떠한 상황일까? 새로운 종을 만들기 위한 실험에서 가장 많이 사용한 종은 노랑초파리이다.

　2009년에 테오도르 갈랜드(Theodore Garland Jr.), 마이클 로즈(Michael R. Rose)가 편집한 『실험실 진화 개념, 방법, 선택 실험의 적용(Experimental Evolution Concepts, Methods, and Applications of Selection Experiments)』이라는 책 안에 하나의 장을 제임스 프라이(James D. Fry)가 '신종분화에 대한 실험실 실험(Laboratory Experiments on Speciation)'이라는 제목으로 썼다.

　프라이 박사는 해당 장에서 노랑초파리를 이용한 그때까지(2009년)의 신종분화 실험을 모두 정리한 내용을 실었다. 그동안 노랑초파리를 이용한 신종분화(종 분화) 실험이 11건 있었고, 집파리(*Musca domestica*)를 이용한 신종분화(종 진화) 실험이 1건 있었지만 모두 실패했다고 말한다. 짝짓기 관문조차 넘지 못한 실험 결과를 보고하고 있다.

　프라이 교수는 그 보고서 논문의 결론에 아래 두 문장을 썼다.

"동시에 **실험 방법은 신종분화 메커니즘에 대한 통찰력을 계속 제공하고 있다.** …실험실 실험은 생식분리를 위한 초기 진화에 책임 있는 힘을 연구하고 또한 이론적 모델의 가능성을 테스트하는 데 강력한 수단을 제공한다…."

("At the same time, experimental approaches have continued to give insights into mechanism of speciation. … laboratory experiments provide a powerful way to test the feasibility of theoretical models and to study the forces responsible for the initial evolution of reproductive isolation….")

위 번역은 직역한 것이다.

이 문장의 행간을 읽으면 다음과 같다. **"신종분화(종 진화) 메커니즘을 모르고 있다. 새로운 종이 어떻게 만들어지는지에 관한 이론적인 모델조차도 없다. 새로운 종이 만들어지기 위해서 반드시 확립해야 하는 생식분리의 가장 처음 관문을 어떻게 통과하는지 모른다."**

일반적으로 과학자들은 자신의 결과를 발표하는 논문을 쓸 때 솔직하지 못한 면이 없지 않다. "어떤 사실을 모른다"라고 부정적으로 쓰기보다는 "그런 사실을 알 수 있는 가능성을 시험하는 것이 필요하다"라고 말을 꼬아서 긍정적으로 표현한다. 그러므로 우리는 이 점을 감안해서 그 행간의 의미를 정확히 파악해야 하는 경우가 있다.

신종분화(종 진화) 메커니즘에 대한 그림이 없다는 것 자체가 진화생물학자들로 하여금 스스로 그것을 모르고 있다는 웅변을 하고 있다고 볼 수 있다. 신종분화(종 진화) 메커니즘은 고사하고 짝짓기 관문을 어떻게 넘는지에 관한 분자생물학적 메커니즘에 대한 그림조차 없다는 것은 무엇을 말하고 있는 것일까?

4.10 "실험실 진화(실험)가 진퇴양난에 봉착했다" (2009)

앞서 말한 갈랜드와 로즈가 편집한 책『실험실 진화 개념, 방법, 선택 실험의 적용』에 나오는 다른 한 장을 레이몬드 휴이(Raymond B. Huey)와 프랭크 로젠위그(Frank Rosenzweig)가 썼다. 그 장의 제목은 '실험실 진화가 진퇴양난에 봉착하다(Laboratory evolution meets catch-22)'이고 그 장에서 실험실 자연선택에 대해서 이렇게 말한다.

"우리가 많은 노력을 함에도 불구하고 모든 실험과 연구는 완벽하지 않다. 우리는 '신화 같은 확정적인 결과'를 얻기는 매우 힘들다는 것을 인식할 필요가 있다. 진화는 우리가 실험실 자연선택이라는 것으로만 보지 않고 다른 관점에서 보면 매우 복잡하다는 것을 알아야 한다. 그래서 각 진화를 연구하는 각 방법론들이 타당한지를 항상 따질 필요가 있다. 언더우드가 이렇게 말했다. '진보적인 생각의 특징은 그 생각이 발전하는 것이다. 우리는 오류를 범할 확률이 상당히 높기 때문에 항상 우리가 얼마나 틀렸는지를 가능한 한 빨리 인정할 준비를 해야 한다.'"**

("No matter how hard we work, no experiment or study will ever be perfect. We need to do away with the 'Myth of Definitive Results' (Underwood 1998) and recognize that our view of evolution is deeper if we look at it through different and complementary glasses, not just through LNS ones. And we should try to improve the validity of each approach, learning as we go. As Underwood (1998, 345) noted, 'The hallmark of progressive ideas is that they progress. Given that there is a good chance we are wrong quite often, we should be prepared to discover how wrong as fast as possible.'")

위 원문에 나오는 LNS(Laboratory Natural Selection)는 실험실 자연선택을 말한다.

장 제목이 '실험실 진화가 진퇴양난에 봉착하다'이므로 이에 대해서는 굳이 첨언하지 않겠다.

"우리는 오류를 범할 확률이 상당히 높기 때문에 항상 우리가 얼마나 틀렸는지를 가능한 한 빨리 인정할 준비를 해야 한다"라는 언더우드 말처럼 '소진화(변이)로 인해서 대진화(종 진화)가 발생한다'라고 생각했던 자신의 잘못을 하루라도 빨리 고백하는 것이 그들이 취할 바람직한 태도라고 생각한다.

4.11 진화와 변이를 헷갈리게 말하는 사례 (2021년)

  생물학자들은 종 진화(대진화)와 변이(소진화)를 잘 구별하여 사용하지 않는다. 이 문제가 너무 광범위하게 만연되어 있는 것을 실제 코로나19 바이러스 변이에 대한 인터뷰를 통해서 지적하고자 한다.

  프랜시스 콜린 박사는 2021년 현재 미국 보건 연구소(NIH) 소장이며 전에 인간 게놈 프로젝트 총괄 책임자를 역임한 것으로 유명한 사람이다. 한국에는 인간 게놈 프로젝트를 마치고 저술한 『신의 언어』라는 책으로 많이 알려진 분이다. 그는 기독교인이며 유신론적 진화론을 표방하는 분이다.

  아래는 미국 CBS 60 minutes라는 시사 프로그램에서 나온 인터뷰 녹취 일부이다. 코로나 바이러스 변이를 논하는 프랜시스 박사와 기자가 실제로는 변이(돌연변이)를 뜻하면서 그것에 대한 단어로 진화(Evolution)를 사용하고 있는 걸 볼 수 있다.

  굳이 진화라는 말을 사용할 필요가 있을 경우에는 소진화(변이)와 대진화(종 진화)를 반드시 구별해야 한다.

  코로나19 바이러스 원래 종에서 변이들이 나온다는 두 사람의 짧은 대화에서 진화(Evolution)라는 단어가 6번 등장한다. 여기서 진화는 다 소진화(변이)를 말하는 것이다. '진화한다(Evolve)' '진화(Evolution)'라는 말 대신에 '변한다(Vary)' '변이(Variation)' 또는 '돌연변이(Mutate)'라는 단어를 사용해야 한다.

이렇게 진화라는 말은 오염되어 있다. 생물학자나 의사, 기자들이 두 용어를 헷갈리게 사용하기 때문에 일반인은 대부분 변이 발생을 종 진화로 착각한다.

코로나19의 원래 바이러스가 MERS, SARS, 지카 바이러스, HIV 바이러스 등으로 변할 수 없다. 이것이 자연의 법칙이고 이 법칙은 창조자의 창조 원리이다.

프랜시스 콜린 박사: "우리는 **진화** 실험실 노트를 읽고 있다. 이런 것이 나올 때마다 이것이 인류의 건강을 희생 제물로 삼아 **진화**가 어떻게 진행되는지를 분명히 말하고 있다."

(Dr. Francis Collins: "We are reading evolution's lab notebook. Every time one of these pops up, it's telling us exactly how evolution benefits at the expense of the fitness of humankind.")

프랜시스 콜린 박사는 미국 국립 보건 연구소의 원장이며, 유전학자로서 과거 20년 전에는 인간 게놈 염기서열을 결정하는 일을 감독한 사람이다. 그는 이 바이러스가 얼마나 많이 **진화되는**지에 대해 놀라고 있다고 말한다.

(Dr. Francis Collins, director of the National Institutes of Health, is a geneticist who 20 years ago oversaw the decoding of the human genome. He says he's surprised by how much this virus is evolving.)

존 라푹 박사(미 CBS 의료 수석 기자이며 의사): "우리는 **진화**가 일어나는 것을 보고 있는 건가?"

(Dr. Jon LaPook: "We're seeing evolution in motion?")

프랜시스 콜린 박사: "어떻게 **진화**가 작동하는지를 이렇게 분명히 보여준 예는 거의 없었다. 그런 관점에서 그것은 매우 예측 가능하다. 예측이 가능하지 않은 것은 서서히 일어나는 **진화** 과정일지라도 3~4개월 안에 우리가 우려하는 바이러스들을 만들 수 있는 바이러스들이 많이 있다는 것이다."

(Dr. Francis Collins: "I think it's been rarely seen as clearly as right now how evolution works. In that way, it was pretty predictable. What wasn't predictable for me anyway was that there would be so many copies of this virus that even a slow evolutionary process could in just a matter of a few months produce some viruses that we're worried about.")

맺음말

5.1 종 진화(신종분화)에 대한 장기적인 국제 공개 실험을 제안한다

2021년 현재는 종 진화론이 160년 동안 향유해 왔던 '의심의 혜택'을 스스로 떨쳐 버리고 다른 여타 자연과학 이론과 가설처럼 혹독한 시험대를 통과해야 할 때이다. 이제는 입증할 책임(Burden of Proof)이 진화생물학자들에게 있다.

종 진화 과정의 관찰은 어렵다. 또는 종 진화 과정은 실험할 수 없다. 이러한 변명은 합당한 이유가 안 된다.

내가 이 책에서 제시한 '3세대 신종분화설'을 보면 신종이 발생하기까지 걸리는 시간은 3세대면 충분하다. 사람으로 치면 약 100년, 생쥐는 6개월, 노랑초파리는 한 달이면 된다. 효모나 대장균은 하루면 실험이 끝난다.

나의 '3세대 신종분화설'이 아니더라도 1960년대에 나온 종 진화 이론 '단속평형이론', '도약진화이론'은 종 진화가 급격히 일어나는 것임을 나타낸다. 1940년에 발표되어 그 당시에는 인정을 받지 못하다 최근에 인정을 받고 있는 '바람직한 괴물 가설'도 한 세대 후에 신종이 될 수 있는 복합돌연변이체가 출현해야 한다고 말하고 있다.

아래와 같이 실험을 해서 만약 종 진화(신종분화)가 가능한 일이라면 그것을 결정적인 증거(Smoking Gun)로 제시해야 한다. 이 실험은 인간 게놈 프로젝트나 보이저호 우주 탐험처럼 장기적이고 공개적이며 동시에 여러 나라가 같이 참여하는 국제적인 프로젝트여야 한다.

인간 게놈 프로젝트는 완성하는 데 걸린 시간이 약 13년이고, 6개 국가가 공동으로 참여한 프로젝트이다. 1977년에 발사된 무인 우주탐사선 보이저 1호는 2021년까지 운행하며 우리에게 데이터를 보내 주는 탐험을 하고 있다. 44년이 넘게 공개적인 탐험을 하고 있는 것이다.

국제적이고 공개적인 대형 프로젝트로 신종분화(종 진화) 실험을 했는데 종 간 장벽을 넘은 신종이 생기지 않으면 종 진화론에 사망 선고를 내리는 것이 타당한 일이라고 생각한다.

장기 국제적 공개 실험실 신종분화(종 진화) 실험은 이렇게 하면 된다.

실험할 종들은 너무 많다. 그동안 실험실에서 많이 사용한 종을 선택하는 것이 유리하다. 다양한 실험 데이터가 많이 쌓여 있기 때문이다. 우리는 이런 종을 '실험 모델 생물 종'이라고 부른다. 대장균 같은 무성 생식을 하는 생물 종은 추천하고 싶지 않다. 왜냐하면 무성 생식을 하는 생물은 변이 발생이 잘 안 되고 종에 대한 개념이 모호하기 때문이다. 유성 생식을 하는 실험 모델 생물 종을 가지고 종 진화(신종분화) 실험을 하는 것을 추천한다.

그중 키우기 쉽고 안전하며 환경에 따라서 유성 생식을 하는 빵 효모(*Saccharomyces cerevisiae*)를 선택할 수 있을 것이다. 빵 효모는 약 6,300개의 유전자와 반수체 염색체 16개를 갖고 있다. 사카로마이세스(*Saccharomyces*)속에는 약 1,000개의 종이 존재한다.

몸의 길이가 1mm 정도이고 몸체가 투명해서 발생학, 세포생물학 분야에서 많이 사용하는 예쁜꼬마선충(*Caenorhabditis elegans*)도 종 진화(신종분화) 실험에 아주 적합하다.

노랑초파리(*Drosophila melanogaster*)는 사실 여러 진화생물학자들이 신종분화(종 진화)를 실험실에서 증명하기 위해 그동안 사용했던 종이다. 물론 그들은 여러 가지 인공선택 조건을 사용하여 종 진화(신종분화) 실험을 했지만 실패했다. 그 실패를 거울 삼아 실험 설계를 획기적으로 바꿔서 진행하면 된다. 노랑초파리는 예쁜꼬마선충에 비해 비교할 수 없을 정도로 고등 생물이다. 노랑초파리는 완전한 양성 생식을 하며 체세포가 배수체 염색체로 8개의 염색체를 가지고 있고 한 세대가 약 12일로 비교적 짧아 신종분화(종 진화) 실험에 안성맞춤이다.

다음은 생쥐(*Mus musculus*)를 사용할 수 있다. 생쥐는 현대 생물학 실험실에서 없어서는 안 되는 필수적인 실험 동물이다. 사람과 같은 포유동물이고 지능이 있어서 학습 능력이 있는 고등 생물 중 고등 생물이다. 원하는 짝을 골라서 하룻밤 신방을 차려 주면 알아서 짝짓기를 한다. 새끼도 5~7마리 출산하고 태어난 생쥐는 3주간 젖을 먹이고 그 후 4주가 지나면 다시 생식을 할 수 있다. 1세대 기간이 약 2달이다.

생쥐를 이용한 신종분화 실험 설계는 다음과 같이 하는 것을 권하고 싶다. 생쥐 약 2,000마리를 약 100세대(약 15년 정도) 동안 계속 생식하며 키우면서 종 진화(신종분화)를 관찰한다. 각 세대를 지나면서 개체 수는 증가하지만 결과 분석을 용이하게 하기 위하여 개체 수는 총 2,000마리로 제한한다. 생쥐 2,000마리를 100세대를 생식하며 키우면서 돌연변이 확률을 높이는 모든 조건을 다 사용해서 실험을 한다. 돌연변이를 촉진하는 X선, 방사선, 돌연변이 유도 화합물을 다양한 조합으로 처리한다.

이때 과장실험도 필요하다. 돌연변이를 필요 이상으로 유도해야 단순한 돌연변이가 아니고 복합돌연변이체가 나오기 때문이다. 15년 동안 나온 자손들을 전수 조사해서 기존 생쥐에서부터 생식분리가 되는 새로운 종이 나오는지를 확인한다.

이 실험을 15년 동안 진행하면서 여러 가지로 자연선택을 모방한 인공선택 힘을 가할 수 있다. 그러나 어떻게 인공선택 힘을 가할지는 쉬운 일이 아니다. **정확히 말하면 신종을 만들기 위해 어떻게 인공선택을 해야 할지를 전혀 모르기 때문이다.** 그러면 자연은 신종을 만들기 위한 조건을 알아서 자연선택을 실행할까? 자연도 모른다. 만약 자연이 그 방법을 알고 종 진화(신종분화)를 자연적으로 일으킨다면 진화생물학자는 벌써 그 방법을 모방해서 실험실에서 종 진화(신종분화)를 재현했을 것이다.

위와 비슷한 방법으로 빵 효모를 가지고 15년간 실험한다. 15년이면 7만 세대이다. 노랑초파리는 15년간 600세대에 걸친 실험을 한다.

위 세 가지 실험에서 어떤 결과가 얻어질까? **생쥐가 집쥐가 되고, 빵 효모가 와인 효모가 되고, 노랑초파리가 집파리가 되는 결과를 얻을 수 있을까?**

사람을 이용한 신종 발생 실험은 할 수 없다. 그러나 히로시마와 나가사키 원폭 투하로 방사선에 노출된 사람이나 그 후대 사람을 추적한 실험 데이터가 있다. 원폭의 방사선에 노출된 자궁에 있던 발생 중의 태아에 대한 데이터도 있다. 노출된 사람, 노출된 사람의 후손, 노출된 발생 중 태아가 모두 신종 발생과는 거리가 먼 기형 발생과 다양한 암 발생이 증가된 것으로 보고되었다. 이것은 일종의 국제적인 연구 결과이고 공개적인 실험이다. 그래서 더 의미 있는 결과이다. 그들은 모두 오람이 아닌 사람인 것은 두말할 나위 없다.

위와 같은 실험이 성공한다면 말로만 하는 종 진화론이 아닌 실제적인 가칭 '종 진화학'이라는 학문이 생길 것이다. 그리고 '종 진화학'은 우리의 일상생활에 지대한 영향을 끼치는 학문이 될 것이다. 종 진화의 일반화는 우리가 사는 생태계에 좋게 또는 나쁘게 큰 변화를 초래하고, 우리의 먹거리를 달라지게 할 것이다. 인류의 생존과 지구의 앞날이 종 진화(신종분화)가 어떤 방향으로 가느냐에 달려 있다고 볼 수 있다. 그러나 불행인지 다행인지 모르겠으나 이런 일은 앞으로 발생하지 않을 것이다.

5.2 종 진화론은 현재 뇌사 상태이다

종 진화론은 19세기 관찰과 묘사 방법으로 탄생하였으나 20세기 분자 수준, 세포 수준의 실험과 분석 방법이 생물 연구에 도입되면서 설 자리가 없어졌다.

1942년에서 현재 2021년까지 80년 동안 종 진화 이론은 현대합성이론에서 정지해 있고, 실험으로 종 진화(신종분화)를 뒷받침하는 증거를 전혀 제시하지 못하고 있다. 현대합성이론은 앞에서 말한 바와 같이 종 진화(신종분화)를 전혀 설명하지 못하는 이론이다(3.4 참고). 종 진화에 대한 관찰 증거도 전무하다. 과거 80년 동안 뇌사 상태였다.

기독교인들이 특히 유념해야 할 일이 있다. 진화생물학자들이 말하는 진화가 종 진화(대진화)를 말하는지 변이(소진화)를 말하는지 구별하는 것이 반드시 필요하다. 그들은 끊임없이 우리를 헷갈리게 만들었다. 소진화 현상, 즉 변이 결과를 마치 대진화 현상, 즉 종 진화 결과로 착각하게 만들었고, 앞으로도 계속 그렇게 할 것이다.

기독교인들이 다른 사람과 종 진화냐 창조냐에 대한 대화나 논쟁을 할 때 우리는 딱 한 가지만 그들에게 물어보면 된다. 종 진화의 증거가 있냐? 종 진화 실험 결과가 있냐? 이 물음에 그들은 증거를 가지고 올 것이다. 그들이 제시하는 것은 100% 변이(소진화)이다. 그들이 가져온 것이 변이인지 종 진화인지를 구별해 주면 논쟁이나 이야기는 끝난다. 다른 것을 이야기할 필요가 전혀 없다.

그들이 가져오는 종 진화(신종발생)증거가 단순한 기형 발생인지 변이인지 종 진화(신종분화)인지 분명하지 않은 경우도 있고 또 증거가 지엽말단적인 것일 수 있다. 이런 경우에는 논쟁에 빠져들지 말고 우리가 분명하고 뚜렷한 결과나 증거를 반드시 요청해야한다. 지구상에 수천만 가지 종이 다 종 진화(신종분화)로 생긴 것이라면 그 증거가 불분명하거나 모호할 수가 없다. 종 진화(신종분화)이론이 사실이라면 보편적이고 일반적으로 어디서나 그 증거를 볼 수 있어야 하기 때문이다.

나는 이 책을 쓰기 위해 혹시 내가 모르는 종 진화 증거나 실험실 신종분화 실험 결과가 있는지 공부하려고 미국 아마존에서 '진화(Evolution)'와 '신종분화(Speciation)'가 제목에 들어간 책을 거의 다 주문해서 샅샅이 읽어 봤다. 눈을 씻고 봐도 자연에서 종 진화(신종분화)에 대한 관찰결과나 신종분화실험실 실험에서 신종을 만들었다는 결과를 보지 못했다.

"…그의 영원하신 능력과 신성이 그가 만드신 만물에 분명히 보여 알려졌나니…."(로마서 1:20) 진화론자들은 이 계시의 성경 말씀을 받아들이지 못하기 때문에 종 진화 증거나 종 진화(신종분화) 실험 결과가 없는데도 불구하고 고집스럽게 초자연적인 창조를 부인하는 것이다.

종 진화론은 뇌사 상태를 유지하지 못하고 사망을 선고받을 날이 반드

시 올 것이다. 이것이 내가 이 책에서 말하고자 하는 것이다. 기독교인들이여! 부디 과학의 탈을 쓴 종 진화론의 공격에 쫄지 마십시오.

5.3 종 진화론과 창조론 간 신사협약 체결을 희망한다

진화론자들이 창조론을 부당하게 공격하는 논리 중 하나가 창조론을 믿게 되면 과학 발전을 저해한다는 것이다. 그렇지 않다. 이것은 잘못된 프레임이다. 창조론을 믿는 사람들이 과학 발전에 매진한다. 과학은 창조물을 연구하여 창조 질서를 규명하는 것이기 때문이다. 코로나 19 백신 연구와 개발에 힘을 쏟는다. 창조자가 인간의 몸에 초자연적으로 허락한 면역 시스템을 이용해서 백신이 백신으로서 작용을 하게 다양한 기술을 개발하는 것이다.

페니실린도 창조자가 창조한 것을 알렉산더 플레밍(Alexander Fleming)이 우연히 찾아낸 것이다. 창조자가 원핵세포와 진핵세포를 다르게 만든 것을 우리가 이용해서 페니실린을 항생제로서 사용하는 것이다. 창조 질서를 연구해서 거기에 숨겨진 원리를 찾는다. 그리고 그것을 이용해서 각종 첨단 기술을 개발하는 것이다.

진화론과 창조론의 싸움이 치열하게 진행되고 있다. 진화론자인 리처드 도킨스는 창조론자를 미신을 믿는 자로 조롱한다. 한편 성경에 기록된 것을 믿는 기독교인은 현대 과학적인 방법으로 증명된 것이 없는 종 진화론을 무시한다.

종 진화론은 과학의 영역이다. 창조론은 영적인 영역이고 믿음의 영역이다. 과학은 과학적인 방법으로 연구해서 그 결과로 말하는 것이다. 반면 성경에 기록된 것은 초자연적인 것으로서 과학적 탐구 대상이 되지 않는다(1.2 참고). 두 영역이 다르기 때문에 싸움이 될 수 없다. 그런데 왜 치열하게 싸우는 것일까? 나는 두 진영 사이에 오해가 있기 때문이라고 생각한다. 오해가 더해지면서 두 진영이 각자 피해 망상에 휩싸여 있다. 진화론은 창조론으로 인하여 피해를 보고 있고, 창조론은 진화론에 의해서 위협을 느낀다고 생각한다.

먼저 진화론을 옹호하는 사람들이 갖는 오해는 무엇일까? 그들은 마치 종 진화론을 과학적인 사실이라고 말하지 않으면 곧 창조론을 인정해야 하는 것으로 생각하는 듯하다. 종 진화론을 거부하면 바로 성경을 믿고 기독교 신앙의 길로 가야 하는 것이 아닌가 하는 오해를 한다. 그래서 그들은 종 진화론이 사실이 아니고 소설이 분명한데도 그 사실을 인정하려 들지 않고 고집을 피운다. 진영 논리에 기대는 것이 아닌가 하는 생각이 든다.

하지만 제3 지대도 있다. 기독교 신앙을 갖지 않아도 종 진화론을 과학적 사실로 받아들이지 않을 수 있다. 그러므로 종 진화론을 무리하게 고집하지 말고 객관적으로 그리고 과학적으로 종 진화론을 다시 고찰해 보는 것을 권하고 싶다.

창조론자들의 오해는 무엇일까? 성경에 나온 사건이나 기록을 과학적으로 설명하려는 시도가 잘못된 것이다. 천지 창조, 각종 생물과 인간의 창조, 노아의 방주, 예수의 동정녀 탄생, 가나 혼인 잔치에서 물을 포도주로 변화시킨 것을 포함해서 성경에 나오는 크고 작은 모든 사건들이 하나도 예외 없이 초자연적인 것이다. 성경에 나오는 사건이 자연적인 것으로 보이는 것도 있다. 초자연적인 사건 안에 자연적인 사건이 포함되기 때문에 그렇게 보이는 것이다. 마치 7차원에 3.5차원이 포함되어 있는 것과 흡사하다. 초자연적인 것을 자연과학적인 방법론을 동원해서 설명하려는 것 자체가 논리에 맞지 않다.

창조론자들이 잘못 생각하는 것 중 다른 하나는 초중고 학생들이 배우는 생물 교과서에 창조론을 넣으려고 시도하는 것이다. 한국은 공립 학교와 사립 학교 둘 다 국민의 세금이 투여되기 때문에 학생이 배우는 교과서에 창조론을 병기하자는 것은 무리한 주장이다. 단, 종 진화론이 과학적으로 증명된 사실이 아니고 소설에 가까운 가설이라는 사실을 교과서에 실어야 하는 것은 너무나 당연한 일이다. 창조론을 병기하는 노력을 포기하고 종 진화론의 문제점을 우선 제기하는 것이 필요하다. 요즘 한국에 초중고 기독교 대안 학교가 많이 운영되고 있다. 여기에서는 성경적 세계관을 제한 없이 교육할 수 있다. 그들이 창조론을 교육받는다고 할지라도 세상에서 밀려오는 종 진화론의 홍수를 막기는 역부족일 가능성이 있다. 나의 책이 그들에게 조그마한 도움이 되기를 바란다.

진화론자와 창조론자들이 신사협약을 맺기 위해서는 두 진영 모두 양보할 부분이 있다. 진화론자들은 자신이 주장하는 종 진화론을 보다 냉정하고 객관적이고 과학적이며 상식적이고 논리적으로 바라볼 필요가 있다. 그리고 무엇보다도 솔직해질 필요가 있다. 자신이 종 진화의 증거라고 주장하는 것이 정말로 의심할 여지 없이 증거가 되는가? 변이가 아닌 종 진화의 증거인가? 증거를 자신들이 원하는 면만 보거나 증거가 아닌 것을 증거라고 우기지는 않는지, 지엽말단적인 것을 확대 포장하거나 침소봉대하지는 않는지 스스로 자문해 볼 필요가 있다.

창조론자들은 종 진화론이 현재 만연하고 창조론이 설 자리가 점점 좁아지는 것에 대해서 너무 초조해하지 말아야 한다. **생명으로 인도하는 문은 좁고 그 길이 협착하여 찾는 자가 적음이라(마태복음 7:14)는 말씀을 믿고 현 상황을 담대하게 바라볼 필요가 있다.**

5.4 종 진화론은 대마불사가 아니다

과학사에서는 난공불락이라고 여겨지는 이론이 하루아침에 무너지고 새로운 이론으로 대체되는 경우가 많다. 무려 2,000년 넘게 지속되어 온 범생설이 아우구스트 바이스만의 생식질 이론으로 무너졌다. 우리의 상식으로는 획득형질이 유전되는 것처럼 보인다. 그래서 범생설이 오랫동안 대마가 된 것이다. 그러나 대마불사가 결코 아니다.

유전학에서 융합유전이론이 무너지고 멘델이 주장한 입자유전이론이 받아들여진 경우가 있다. 우리가 생물의 형태를 외관만 관찰하면 융합유전이론이 맞는 것처럼 보인다. 부모가 결혼하여 자식을 낳아 보면 자식에게 두 부모의 형질이 섞여 나타나는 것을 우리는 목격한다. 이런 이유로 멘델이 입자유전이론을 1866년에 발표했는데도 불구하고 34년 동안 받아들여지지 않았던 것이다. 그 후 감수분열 중인 염색체가 관찰되고 염색체 이동이 밝혀지자, 과거의 이론을 버리고 1900년에 멘델의 입자유전이론을 새롭게 받아들이게 된다. 대마불사가 아닌 다른 예이다.

종 진화론은 상식적으로 봤을 때 맞는 것처럼 보인다. 서로 가까운 종과 종 사이에 비슷한 것이 많이 관찰된다. 연속적인 것처럼 보인다. 그러나 현대 생물학은 형태를 관찰하는 정도의 과학이 이미 아니다.

모든 형태, 형질, 행동이 유전자에 의해서 조절된다. 유전자는 다시

DNA 염기서열이 결정한다. 이것을 알고 있는 상태에서는 피상적으로는 그럴듯하게 보이는 종 진화 현상을 분자 수준에서 설명해야 한다. 그렇지 못한다면 **그 아무리 큰 이론이었다 해도 과감하게 버려야 한다. 종 진화론을 망하게 놔두기에는 너무 크다는 생각을 버려야 한다.**

5.5 신종분화(종 진화) 메커니즘을 밝히지 못하면 종 진화론은 유사과학이다

전에 C식품 사장이 나와서 자사 건강보조식품을 선전한 것을 본 기억이 있다. "남자한테 참~ 좋은데…, 어떻게 표현할 방법이 없네~" 사장은 아마도 남성의 성 기능에 효과가 있다는 말을 하고 싶었을 것이다. 한국에서는 식품의약품안전처에서 어떤 물질에 대한 임상 효능이 과학적 방법으로 검증되지 않으면 그 효능에 대한 공표나 선전을 금지한다. 이런 이유로 C식품 사장은 그렇게 말할 수밖에 없었다. 그 물질의 작용 메커니즘을 밝혀서 효능을 말하는 것이 참과학이고, 과학적인 근거 없이 희망적인 것을 주장하는 것은 유사과학이다.

종 진화(신종분화)에 대한 메커니즘을 밝히지 못하면서 그것을 주장하는 것은 위에서 말한 C식품의 건강보조식품의 경우와 비슷하다. 이런 의미에서 종 진화론도 유사과학이라고 말해도 과언이 아니다.

종 진화(신종분화)에 대한 메커니즘으로 유일하게 제시된 것이 자연선택이다. 자연선택은 종 진화(신종분화)를 일으키는 하나의 단계에 불과하다. 자연선택이 작동하기 전에 단순돌연변이를 넘어선 복합돌연변이체 자손이 먼저 생성되는 것이 필수적이다. 복합돌연변이체는 발생학적으로 조직적이고 동시에 체계적인 복합돌연변이이어야 한다. 복합돌연변이체 자손이 발생하는 메커니즘이 분자 수준에서, 세포 수준에서, 개체 수준에서 밝혀졌는가? 전혀 아니다. 발생 메커니즘을 알지 못하더라도 복합돌연변이체를 인공적으로 실험실에서 만들었는가? 전혀 아니다. 자연에서 복합돌연변이체가 발생하는 것을 관찰했나? 전혀 하지 못했다.

5.6 생물 과학자인 나는 왜 종 진화론이 소설이라고 주장하나

'종 진화(신종분화)는 일어나지 않았고 일어날 수도 없다'라고 나는 굳게 생각한다. 사람들이 사실이 아닌 것을 사실이라고 여기는 것을 나의 양심과 지성이 허용하지 않는다. 이 양심은 중생한 기독교인으로서 갖는 신앙적인 양심이 전부는 아니다. 많은 부분이 과학자의 양심이고 과학자의 지성이다. 의식화된 한 시민의 시민정신이기도 하다. 의식화된 시민은 사회의 어떤 문제점을 보고 눈을 감지 않고 그것을 목소리 높여 외치는 사람이다.

과학자는 과학적인 방법으로 수행된 과학 실험 결과로 어떤 주장이 사실인지 아닌지를 판단한다.

나는 1982년 석사 때부터 2021년 현재까지 약 40여 년 동안 여러 생물과 여러 생물 분자를 발로 뛰면서 손으로 만지고 눈으로 봐 왔다. 대학원 석사 때는 미생물 형질 전환 실험을 하였고, 그 후 식품회사 제약사업부에서 B형 간염 바이러스와 그 단백질을 이용하여 B형 간염 백신을 연구 개발하였다. 박사 학위 과정 중에는 진핵 세포, 바이러스, 효모, 개구리 알, 박테리아, 감마 인터페론, 알파 인터페론, 사람 염색체 21번, DNA, RNA, 단백질을 가지고 인터페론 감마의 세포 신호 전달 과정을 실험하고 연구했다. 박사 후 연구원 때는 생쥐 흉선에서 면역 T 세포 발생 과정을 실험하고 연구했다.

40여 년 중 처음 15여 년은 내가 직접 뛴 기간이고, 그 후 25여 년 동안은 대학원생이 손과 발 그리고 눈으로 직접 실험을 했다. 나는 그 결과를 해석, 분석하여 논문을 작성하는 일을 주로 했다. 내가 직접 만지고 보지는 않았지만 학생들이 가져온 결과를 보면 내가 직접 실험을 한 것과 같은 느낌이 들 때가 많았다. 나중 25여 년이 완전히 실험실 현장감이 없는 기간은 아니었다는 것을 말하고 싶다.

과거 25년 동안 대학원생들과 같이 연구했던 분야는 남성 집쥐 정소에서 스테로이드 호르몬합성과 정자가 생성되는 메커니즘을 분자생물학적 방법으로 규명하는 것이었다. 남성 집쥐를 사용하여 포유동물의 남성 생식 문제를 공부하고 고민했다.

이런 손과 발의 현장감, 온몸으로 느껴지는 육감이 과학적 통찰력을 만든다는 생각을 한다. 이 과학적 통찰력에 일반 상식을 통해서 다른 통찰력이 가미될 수 있다. 이 통합 통찰력이 나에게 말하는 것은 '종 진화는 절대 일어나지 않는다'이다. 일종의 생물과학자의 내부 고발이라고 해도 좋다.

현대 생물학에 대한 지식이 부족해서 나와 같은 판단을 내리지 못하는 일반 시민들, 성경에 기술된 하나님의 창조 질서와 과학이라는 탈을 쓴 종 진화론 사이에 혼돈을 경험하는 기독교인들을 생각하면 심히 안타깝다. 나는 이 책을 통해서 진화생물학자들이 말하는 것들이 '믿든지 말든지' '아무 말 대잔치'라는 것을 파헤쳐 그들에게 조금이나마 도움을 주고 싶다.

종 진화론이 실험으로 증명된 사실이 아니고 허구이고 어처구니없는 이 야기라는 것은 많은 분이 이미 알고 있다. 교회 목사님들도 설교에 이 내 용을 아주 정확히 말하신다. 하지만 과학을 업으로 하는 내가 말하는 것이 목사님이 말하는 것과 호소력이 다를 수 있을 것이라 기대한다.

20세기 초에 실험이상주의가 도입되었다. 그 후로 모든 사실은 사람의 오감에 의해서 감지되는 경험과 실험을 통해서만 인정될 수 있다는 것이 지금까지 유지되고 있다. 앞으로도 이런 실험이상주의는 계속 유지되어야 한다.

'진화가 일어난 것이 사실이다.' 이 말은 반은 맞고 반은 맞지 않다. 소진 화는 사실이다. 소진화는 변이 발생이다. 종 안에서 변이가 존재하는 것은 과학자가 아닌 일반 사람들도 알고 있다. 결혼해서 남자 아이를 둘 낳은 부부는 첫째 아들과 둘째 아들이 형질이 같지 않다는 것을 관찰한다. 애견 을 키우다 임신이 돼서 낳은 새끼가 4마리라고 하자. 우리는 그들의 몸집 이 다르고, 성격이 다 다른 것을 목격한다. 이것이 변이(소진화)이다.

하지만 대진화(종 진화)는 사실이 아니다. 그래서 이 책에서 '진화'라는 단어 앞에 '종'을 붙여서 '종 진화'라는 다소 생소한 단어를 사용했다. 종 진 화는 진화생물학자가 사용하는 '신종분화'와 같은 말이다. '종 진화(신종분 화, 대진화)'를 '변이(소진화)'와 명확히 구별하는 것이 이 책에서 말하고자 하는 내용을 이해하는 데 필수적이다.

과학은 매우 엄밀한 학문이다. 그런데도 불구하고 '진화'라는 단어가 소진화(변이)를 뜻하는지 아니면 대진화(종 진화, 신종분화)를 뜻하는지 분명하지 않다. 이런 모호함과 혼돈을 하루빨리 바로잡아야 한다.

진화생물학자들은 이 모호함과 혼돈을 이용해서 사람을 오해하게 하고 헷갈리게 한다. 진화생물학자는 소진화(변이) 현상을 대진화(종 진화) 현상인 양 둔갑시키는 마술사들이다. 우리는 두 가지를 분명히 구별하여 속는 일이 없어야 한다.

이제는 진화생물학자들이 사람을 속이는 것을 직업으로 하는 마술사 역할을 그만하고 본연의 과학으로 돌아가길 기대한다. 그리하여 쓰잘데기없는 종 진화론 논쟁을 끝낼 수 있기를 간절히 바란다.

감사

확대 gosohs에 빚을 많이 졌습니다. 그들이 있었기에 이 책이 나왔습니다. 말씀으로 저를 목양해 주신 은혜샘물교회 은퇴 목사 박은조 목사, Al Bandstra 목사(a.k.a. Mr. B)에게 감사의 말을 전합니다. 양재 온누리 요한 2순원, Mr. B 동백팀, 그리고 은샘 리브가 목장 식구들의 기도와 관심이 큰 힘이 되었음을 고백합니다. 이 책이 나오기를 손꼽아 기다려 주시고 기도해 주신 나의 이모 이강남 권사에게도 고맙다는 말을 전합니다.

종 진화론,
이제는 버리자

생물 종(種)의 진화 일어나지 않았고, 일어날 수도 없다

ⓒ 소재목, 2022

초판 1쇄 발행 2022년 2월 15일

지은이   소재목
펴낸이   이기봉
편집   좋은땅 편집팀
펴낸곳   도서출판 좋은땅
주소   서울특별시 마포구 양화로12길 26 지월드빌딩 (서교동 395-7)
전화   02)374-8616~7
팩스   02)374-8614
이메일   gworldbook@naver.com
홈페이지   www.g-world.co.kr

ISBN   979-11-388-0663-3 (03230)